― 읽다 보면 문해력이 저절로 ―

그래서 이런 맞춤법이 생겼대요

우리누리 글 | 이진아 그림

길벗스쿨

들어가며

'어휴, 맞춤법은 도대체 왜 있지? 그냥 말만 잘 통하면 되는 거 아니야?'

혹시 이렇게 생각하는 친구들이 있나요? 솔직히 이 책을 쓴 저도 어릴 때는 그렇게 생각한 적이 있어요. 왜 '금새'라고 쓰면 안 되고 '금세'라고 써야 하는지, 왜 '맞추다'와 '맞히다'를 구분해서 써야 하는지 이해가 가지 않았지요. 받아쓰기 시험 때문에 공부하는 것도 너무 귀찮았고요.

맞춤법은 사람들끼리 정확하게 소통할 수 있도록 정한 규칙이에요. 아무리 귀찮아도 꼭 지켜야 하는 교통 법규처럼, 서로 이야기가 통하는 세상이 되려면 말을 하거나 글을 쓸 때 규칙이 필요해요. 한글 맞춤법과 표준어 규정 등이 바로 그런 규칙이지요. 우리가 좋아하는 축구나 야구 경기에 규칙이 없다면 어떤 일이 벌어질까요? 팀마다 규칙이 다르다면 아마 경기 자체가 엉망진창이 될 거예요. 공정한 경기가 될 수도 없고 경기를 이어 가기도 힘들겠지요. 마찬가지로 한글 맞춤법을 지키지 않으면 혼란이 생길 수 있어요.

실제로 한글 맞춤법은 대학교 입학 시험이나 기업 입사 시험에도 큰 영향을 끼쳐요. 회사에서 보고서를 쓸 때에도, 업무용 이메일을 보낼 때에도 한글 맞춤법은 매우 중요하지요. 맞춤법에 맞는 글쓰기를 해야

의견을 정확히 전달할 수 있거든요. 또한 공부나 일이 아니더라도 맞춤법에 맞는 언어 생활을 하는 것은 상대방에게 예의를 표현할 수 있는 가장 좋은 방법이에요. 우리말을 바르고 정확하게 하는 사람에게 더욱 믿음이 가는 법이랍니다.

이 책에서는 어려운 국어 이론을 자세히 설명하기보다는 다양한 예시를 통해 그 단어가 실생활에서 어떻게 쓰이는지에 초점을 맞춰 설명했습니다. 재미있는 네 칸 만화와 생활 동화를 읽으면서 올바른 맞춤법을 자연스레 익힐 수 있게 했지요. 책 뒤에 단어들을 가나다순으로 정리해 두었으니 헷갈릴 때마다 사전처럼 찾아보아도 좋아요.

이 책을 늘 가까이 두고 자주 펼쳐 보면서 올바른 한글 맞춤법을 쉽고 재미있게 익히기를 바랍니다.

-우리누리

차례

들어가며 2

1장 초등학생이 가장 많이 틀리는 맞춤법

겁쟁이 vs 겁장이 8
금세 vs 금새 10
방귀 vs 방구 12
눈곱 vs 눈꼽 14
찌개 vs 찌게 16
떡볶이 vs 떡볶기 18
굳이 vs 구지 20
왠지 vs 웬지 22
폭발 vs 폭팔 24
설거지 vs 설겆이 26
깨끗이 vs 깨끗히 28
살코기 vs 살고기 30
숟가락 vs 숫가락 32
통째 vs 통채 34
며칠 vs 몇일 36
돼 vs 되 38
베개 vs 배게 40
시월 vs 십월 42
거꾸로 vs 꺼꾸로 44
희한하다 vs 희안하다 46
헷갈리는 '이'와 '히' 48

2장 발음은 비슷해도 뜻이 다른 맞춤법

가르치다 vs 가리키다 52
잃어버리다 vs 잊어버리다 54
낫다 vs 낳다 56
-로서 vs -로써 58
-던지 vs -든지 60
안 vs 않 62
반드시 vs 반듯이 64
바라다 vs 바래다 66
매다 vs 메다 68
이따가 vs 있다가 70
빌다 vs 빌리다 72
작다 vs 적다 74
채 vs 체 76
닫다 vs 닿다 78
너머 vs 넘어 80
맞추다 vs 맞히다 82
업다 vs 엎다 84
집다 vs 짚다 86
발음이 비슷한 단어 더 알아보기 88

봐도 봐도 어려운 받침이 헷갈리는 맞춤법

까닭 vs 까닥 92
곯아떨어지다 vs 골아떨어지다 94
괜찮다 vs 괜찬타 96
몫 vs 목 98
싫증 vs 실증 100
옳다 vs 옴다 102
깎다 vs 깍다 104
썪다 vs 썩다 106
넓적하다 vs 넙적하다 108
어떡해 vs 어떻해 110
짓궂다 vs 짖궂다 112
틀리기 쉬운 준말 114

 **둘 다 맞는 맞춤법**

자장면 vs 짜장면 118
가엽다 vs 가엾다 120
간질이다 vs 간지럽히다 122
떨어뜨리다 vs 떨어트리다 124
만날 vs 맨날 126

삐치다 vs 삐지다 128
네 vs 예 130
늑장 vs 늦장 132
나침반 vs 나침판 134
넝쿨 vs 덩굴 136
날개 vs 나래 138
같은 색깔 다른 표현 140

 어른들도 헷갈리는 외래어 표기법

파이팅 vs 화이팅 144
카페 vs 까페 146
텔레비전 vs 테레비 148
메시지 vs 메세지 150
액세서리 vs 악세서리 152
슈퍼 vs 수퍼 154
뷔페 vs 부페 156
로봇 vs 로보트 158
스티로폼 vs 스치로폼 160
초콜릿 vs 초코렛 162
헷갈리는 외래어 더 알아보기 164

찾아보기 166

일러두기

- 이 책의 맞춤법과 말의 뜻풀이는 국립국어원의 「한글 맞춤법」, 「표준어 규정」, 「외래어 표기법」, 『표준국어대사전』을 주로 참고해 풀이했어요.
- 하나의 말에도 여러 가지 뜻이 있어요. 이 책에서는 본문에서 설명하는 뜻 위주로 적어 놓았어요.

1장
초등학생이 가장 많이 틀리는 맞춤법

겁쟁이 vs 겁장이

- 겁쟁이 ⭕ 겁장이 ❌
- 뜻) 겁이 많은 사람을 낮잡아 이르는 말.
- 예문) 겁쟁이라는 말이 듣기 싫어서 혼자 병원에 갈 수 있다고 했다.
- 비슷한 맞춤법: 멋쟁이 ⭕ 멋장이 ❌

수호는 며칠 전부터 앞니가 흔들렸어요. 하지만 이를 빼는 게 너무 무서워서, 하루 이틀 미루다 보니 이제는 말할 때도 이가 조금씩 흔들리는 게 느껴졌어요. 덜렁거리는 이에 신경이 쓰여 발음이 엉성해지기도 했고요.

그러자 재민이가 수호를 보고 놀랐어요.

"신수호, 아직도 이 안 뺐어? 너 정말 겁쟁이구나?"

재민이 말에 씩씩대며 집으로 돌아온 수호가 엄마에게 말했어요.

"엄마, 나 이 뺄래요!"

엄마는 이때다 싶어 얼른 수호의 이에 실을 묶었어요.

"엄마, 빼기 직전에 꼭 알려 줘야 해요."

"그래, 알았어. 어? 근데 아빠가 벌써 오셨나?"

엄마의 말에 수호가 고개를 돌린 그 순간! 실에 묶인 이가 톡 하고 빠지지 뭐예요? 엄마가 속임수를 쓴 거지요. 그런데 생각보다 전혀 아프지 않았어요.

수호는 홀가분한 얼굴로 웃으며 엄마한테 말했어요.

"엄마, 저 이제 겁쟁이 아니죠?"

"그럼! 이 세상에서 제일 용감한걸."

'-쟁이'는 멋쟁이나 개구쟁이처럼 '어떤 행동이나 특이한 성질이 있는 사람'을 가리킬 때 쓰고, '-장이'는 대장장이나 미장이처럼 '어떤 기술이 있는 사람'을 가리킬 때 써요. 그러니까 겁이 많은 사람을 가리킬 때는 '겁쟁이'라고 써야 맞지요.

금세 VS 금새

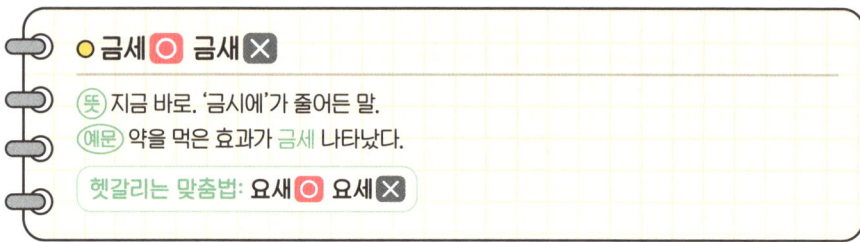

- 금세 ⭕ 금새 ❌
- 뜻) 지금 바로. '금시에'가 줄어든 말.
- 예문) 약을 먹은 효과가 금세 나타났다.
- 헷갈리는 맞춤법: 요새 ⭕ 요세 ❌

'이번에는 절대 못 참아!'

연아는 화가 머리끝까지 났어요. 연아가 애써 만든 달고나가 금세 감쪽같이 사라져 버렸기 때문이에요.

첫 번째 용의자는 연주 언니였어요. 방문을 열어 보니 언니는 시험을 앞두고 공부하고 있었어요.

연아는 다짜고짜 따졌어요.

"언니가 내 달고나 먹었지? 아~ 해 봐!"

"시끄러워. 너 때문에 방금 외웠던 거 까먹었잖아!"

두 번째 용의자는 엄마였어요. 엄마는 안방 침대에 누워 있었어요.

'몰래 먹고 자는 척하는 건지도 몰라.'

연아는 엄마에게 큰 소리로 물었어요.

"엄마가 내 달고나 먹었어요?"

"무슨 뚱딴지같은 소리야? 살짝 잠들었는데 금세 깨 버렸네."

바로 그때 연아는 범인이 누군지 알아냈어요. 엄마 곁에 있던 고양이 루시 수염에 달고나 조각이 붙어 있었거든요. 애꿎은 언니와 엄마만 의심했지 뭐예요.

"루시, 이런 거 몰래 훔쳐 먹으면 안 된다고 했지!"

루시는 연아를 약 올리듯 금세 장롱 위로 뛰어 올라갔어요.

금세는 '지금 바로'라는 뜻의 한자어 '금시(今時)'에 '에'가 붙은 말이에요. '금시에'가 줄어 '금세'가 된 거지요. '금새'는 틀린 표기예요.

방귀 VS 방구

- 방귀 O 방구 X
- (뜻) 음식물이 배 속에서 발효되는 과정에서 생기는 구린내 나는 기체.
- (예문) 지하철에서 방귀가 나오려는 걸 겨우 참았다.
- 비슷한 맞춤법: 트림 O 트름 X

호철이는 '코딱지 왕'이라는 별명이 너무 싫어요. 이 별명을 붙여 준 사람은 바로 짝꿍 재섭이예요.

"맨날 코딱지 파는 호철이는 코딱지 왕이래요!"

그 뒤로 아이들은 호철이를 이름 대신 '코딱지 왕'이라고 불렀어요.

호철이는 재섭이에게 복수할 날만 기다렸어요. 그러던 어느 날, 수학 시간에 드디어 기회가 왔어요. 칠판 앞으로 나가서 문제를 풀던 재섭이가 방귀를 뿡 뀌고 만 거예요. 소리가 하도 커서 재섭이는 금세 얼굴을 붉혔어요.

"헤헤, 김재섭 방구쟁이! 김재섭 뿡뿡이!"

앞자리에 앉은 친구들이 깔깔 웃으며 재섭이를 놀렸어요.

"으으……, 냄새도 지독해!"

호철이도 재섭이를 놀리고 싶었지만 차마 입 밖으로 내지는 못했어요. 재섭이가 얼마나 부끄러울지 잘 알거든요.

그래서 호철이는 이렇게 외쳤어요.

"방구 뀔 수도 있지! 방구는 내 맘대로 안 될 때가 있다고!"

그러자 선생님이 흐뭇하게 웃으며 말했어요.

"그래, 호철이 말이 맞다. 방귀는 뀔 수도 있지. 그런데 이것만큼은 정확하게 알아 두렴. 방구가 아니라 방귀!"

'방귀'는 배 속에서 음식이 소화되어 항문으로 나오는 기체를 말해요. 공기를 내보낸다는 뜻의 한자어 '방기(放氣)'가 변해서 만들어진 말이지요. 그리고 '방귀를 뀌다'가 맞는 표현이니 '방귀를 끼다' 또는 '방귀를 꾸다'라고 쓰지 않도록 주의하세요.

눈곱 vs 눈꼽

○ 눈곱 ⭕ 눈꼽 ❌

(뜻) 눈에서 나오는 진득진득한 액. 또는 그것이 말라붙은 것.
(예문) 세수하면서 눈곱을 잘 닦아 내야 한다.

나영이는 강아지 콩이를 데리고 산책을 나갔어요. 신이 난 콩이는 공원 벤치 옆 나무로 달려가 킁킁 냄새를 맡더니 똥을 쌌어요. 나영이가 똥을 치울 때, 벤치에 앉아 있던 할머니가 물었어요.

"강아지가 몇 살이니?"

"열네 살이에요."

"나이에 비해 건강해 보이는구나. 그런데 눈곱이 많이 낀 걸 보니 어디 아픈 건 아닌지 모르겠어."

"진짜요? 많이 자서 생긴 거 아닌가요?"

"강아지는 몸에 염증이 많으면 눈곱이 낀단다. 시추는 피부가 약해서 사람이 먹는 걸 함부로 주면 안 돼."

나영이는 눈을 끔벅거리며 할머니에게 물었어요.

"할머니, 강아지에 관해 어떻게 그렇게 많이 아세요?"

"우리 강아지도 시추거든."

할머니는 손가방에서 작은 안약병을 꺼내 나영이에게 건네며 말했어요.

"이걸 강아지 눈에 매일 한 번씩 넣어 주렴. 그러면 눈곱이 잘 생기지 않고 초롱초롱해질 거야."

'곱'은 부스럼이나 피부가 헐었을 때 생기는 고름 같은 것을 말해요. '눈곱'은 눈에서 나오는 진득진득한 액이나 그것이 말라붙은 것을 가리키는 말이죠. 따라서 '눈꼽'이 아니라 '눈곱'이 맞답니다.

찌개 vs 찌게

- 찌개 ⭕ 찌게 ❌

(뜻) 고기, 채소, 두부 등에 갖은양념을 하여 국물이 있게 끓인 반찬.
(예문) 엄마가 끓여 주신 김치찌개가 이 세상에서 제일 맛있다.

헷갈리는 음식 이름: 육개장 ⭕ 육계장 ❌
　　　　　　　　　　모둠회 ⭕ 모듬회 ❌

엄마가 친구들과 여행을 떠났어요. 유진이와 유성이는 기분이 좋았어요. 엄마가 집을 비울 때는 배달 음식을 마음대로 주문해 먹을 수 있거든요.

저녁에 유진이와 유성이는 아빠를 졸랐어요.

"아빠, 우리 치킨 시켜 먹어요. 아니면 짜장면!"

하지만 아빠는 조용히 저녁상을 차리며 말했어요.

"안 돼. 엄마가 김치찌개랑 밑반찬 몇 가지 만들어 놨어."

"에이, 김치찌개 먹기 싫은데……."

그러자 아빠가 앞치마를 두르고 근엄한 목소리로 말했어요.

"걱정 마. 아빠가 김치찌개를 너희가 좋아하는 부대찌개로 변신시켜 주마! 아빠가 이래 봬도 군대에서 취사병을 했잖니."

아빠는 엄마가 만든 김치찌개에 소시지와 햄, 라면 사리를 듬뿍 넣어 부대찌개를 만들었어요. 국물을 맛본 유진이는 깜짝 놀랐고, 유성이는 엄지를 번쩍 치켜들며 말했어요.

"우아, 아빠가 요리한 찌개가 훨씬 맛있어!"

그 말에 아빠는 눈을 찡긋하며 조용히 말했어요.

"쉿! 엄마한테는 절대 비밀이야. 엄마가 알면 삐져!"

'찌개'란 냄비나 뚝배기에 고기나 채소를 넣고 물을 적게 넣어 끓인 음식을 말해요. '찌게'는 틀린 표현이니 '된장찌개', '김치찌개', '순두부찌개'라고 써야 해요.

떡볶이 vs 떡볶기

- ○ 떡볶이 ⭕ 떡볶기 ❌
- (뜻) 가래떡을 잘라 여러 가지 채소를 넣고 고추장이나 간장 양념을 하여 볶은 음식.
- (예문) 오늘 학교 수업 끝나고 떡볶이 먹으러 가자!

오랜만에 만난 큰아버지가 희주에게 물었어요.

"희주는 장래 희망이 뭐니?"

"저는 떡볶이 장사를 하고 싶어요."

"하하, 우리 희주가 떡볶이를 엄청 좋아하는 모양이구나."

"네, 저는 세상에서 떡볶이가 제일 맛있어요. 장사를 하면 매일 먹을 수 있고, 또 장사하다 남는 것도 제가 다 먹으면 될 테니까요."

그때 큰어머니가 간식을 내왔어요.

"마침 큰엄마가 떡볶이를 만들었단다. 먹어 보고 희주가 맛 좀 평가해 줄래?"

"네, 좋아요!"

희주는 떡볶이 하나를 입에 넣고는 진지한 표정으로 맛을 보더니 이렇게 말했어요.

"뭐가 빠진 맛이에요. 음…… 간장이 빠진 것 같아요!"

큰어머니는 희주의 말을 듣고 깜짝 놀랐어요.

"어머, 그러고 보니 내가 간장 넣는 걸 깜빡했네. 희주는 정말 떡볶이 달인이구나!"

희주는 다른 어떤 칭찬을 들었을 때보다 뿌듯했답니다. 나중에 크면 최고로 맛있는 떡볶이집 사장님이 될 수 있을 것 같아요.

떡과 여러 채소를 넣고 고추장이나 간장으로 양념하여 볶은 떡볶이는 우리나라의 대표적인 길거리 음식이에요. '떡'과 '볶다', 명사를 만드는 '-이'가 합쳐진 말이지요. '떡볶기', '떡뽁기' 등으로 잘못 쓰지 않도록 주의하세요.

굳이 vs 구지

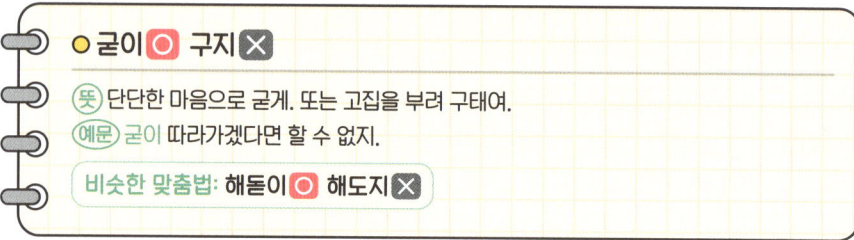

- 굳이 ⭕ 구지 ❌
  - (뜻) 단단한 마음으로 굳게. 또는 고집을 부려 구태여.
  - (예문) 굳이 따라가겠다면 할 수 없지.
  - 비슷한 맞춤법: 해돋이 ⭕ 해도지 ❌

오늘 다빈이네 집에는 외국에서 공부하는 사촌 언니 제니가 오기로 했어요. 제니 언니가 다니는 대학교는 세계에서도 손꼽히는 아주 유명한 학교래요.

"바쁠 텐데 굳이 인사하고 가겠다니 기특하네."

"제니가 어릴 때부터 공부를 참 잘했지. 초등학생 때 19단을 외웠던 거 기억나? 그때 모두들 제니더러 천재라고 그랬다니까."

엄마는 이렇게 말하며 다빈이를 슬쩍 바라보았어요.

"다빈아, 이참에 너도 19단 한번 배워 볼래?"

다빈이는 억지로 웃으며 대답했어요.

"구구단 외우기도 힘들었는데 굳이……. 흐흐."

잠시 후, 제니 언니가 왔어요. 엄마 아빠는 제니 언니와 인사를 나누자마자 공부 잘하는 비법을 알아내느라 바빴어요.

"제니야, 우리 다빈이 어떤 공부부터 시키면 좋을까?"

다빈이는 무슨 말이 나올까 조마조마한 마음으로 제니 언니를 바라보았어요. 제니 언니는 다빈이에게 윙크를 하며 말했어요.

"굳이 억지로 시키려고 하지 마세요. 뭐든 재미가 먼저예요."

'휴, 다행이야.'

다빈이는 가슴을 쓸어내리며 제니 언니에게 환한 미소를 보냈답니다.

'굳이'는 '단단한 마음으로 굳게', '일부러 고집을 부려 애써서'라는 뜻이에요. '구지'로 발음하기 때문에 '구지', '궂이'라고 잘못 쓰는 경우가 많으니 주의하세요.

왠지 vs 웬지

- 왠지 ⭕ 웬지 ❌

(뜻) 왜 그런지 모르게. 뚜렷한 이유도 없이.
(예문) 매일 만나는 사람인데 오늘따라 왠지 멋있어 보인다.

헷갈리는 맞춤법: 웬일 ⭕ 왠일 ❌

영미는 왠지 수아가 얄미웠어요. 항상 옷도 예쁘게 입고 수업 시간에는 발표도 잘해서 괜히 잘난 척하는 것만 같았죠. 수아도 영미가 왠지 싫었어요. 키가 크고 친구가 많으니까 질투가 났어요.

둘은 결국 체육 시간에 피구를 하다가 다투고 말았어요. 영미가 던진 공에 수아가 머리를 맞았거든요.

"머리 쪽으로 던지면 어떡해?"

"운동하다 보면 그럴 수도 있지!"

체육 선생님은 두 사람을 말리느라 진땀을 뺐어요.

그런데 며칠 뒤, 반 대항 피구 대회가 열렸어요. 같은 반이니 서로 도울 수밖에 없었지요.

"영미야, 이쪽으로 패스!"

"수아야, 그쪽으로 가지 말고 피해!"

둘은 호흡이 척척 맞았어요. 영미와 수아가 열심히 뛴 덕분에 옆 반을 3 대 0으로 완벽하게 이겼지요.

"야, 이겼다!"

영미와 수아는 자기들도 모르게 손을 맞잡고 기뻐했어요. 그러자 왠지 마음속에 있던 알 수 없는 미움이 스르르 녹는 것 같았어요.

'왠지'는 '왜인지'가 줄어든 말이에요. '왜인지 모르겠지만', '뚜렷한 이유도 없이'라는 뜻이지요. '웬일이니', '웬걸', '웬만해선'에서 쓰이는 '웬'은 '어떠한', '어찌 된'이라는 뜻이 담긴 말이랍니다. '왠지' 말고는 전부 '웬'을 쓴다고 기억해 두면 좋아요.

폭발 vs 폭팔

- 폭발 ⭕ 폭팔 ❌

뜻① 속에 쌓여 있던 감정 등이 일시에 세찬 기세로 나옴.
예문 학교 급식에 대한 불만이 폭발했다.
뜻② 불이 일어나며 갑작스럽게 터짐.
예문 몇 시간 동안 이어지던 폭발이 가라앉았다.
헷갈리는 맞춤법: 폭파 ⭕ 폭팔 ❌

대한이네 가족이 〈폼페이 유물전〉 전시회를 보러 가기로 한 주말이 되었어요. 집에서 놀고 싶은 대한이가 가기 싫다고 투덜대자 엄마가 말했어요.

　　"내일이면 전시 끝나. 네가 숙제해야 한다고 해서 예매한 거잖아!"

　　아빠는 대한이에게 귓속말로 속삭였어요.

　　"엄마가 폭발하기 직전이야. 아침에 아끼는 접시를 깼거든."

　　한 시간 뒤, 대한이네 가족은 전시장에 도착했어요.

　　"폼페이는 이탈리아 도시인데, 아주 오래전 베수비오산이 폭발하면서 한순간에 멸망한 곳이야."

　　대한이는 화산재에 덮인 유물들이 1700년이 넘도록 보존됐다는 점이 마냥 신기했어요. 엄마는 화산 폭발로 죽은 사람의 형태를 그대로 재현해 낸 조형물 앞에 한참을 서 있었어요.

　　전시를 다 본 뒤에 엄마는 아빠와 대한이 손을 잡으며 말했어요.

　　"가족과 함께 보내는 이런 시간이 얼마나 소중한 건지 이 전시를 보고 다시 한번 느꼈어."

　　대한이와 아빠는 마주 보며 웃었어요. 폭발할 듯하던 엄마 마음이 가라앉은 것 같았거든요.

　　'폭발'은 불이 일어나며 갑작스럽게 터지는 것을 말해요. 속에 쌓여 있던 감정 따위가 터져 버리는 것을 뜻하기도 하지요. 비슷한 단어로 '폭파'라는 말은 '폭발시켜 부수다'라는 뜻이에요. '폭파' 때문에 '폭발'을 '폭팔'이라고 잘못 쓰는 경우가 많은데, '폭팔'은 없는 단어랍니다.

설거지 vs 설겆이

- 설거지 ⭕ 설겆이 ❌
- (뜻) 먹고 난 뒤의 그릇을 씻어 정리하는 일.
- (예문) 식구가 많으면 설거지할 그릇도 많다.

재영이네 가족은 오랜만에 캠핑장에 갔어요. 아빠는 삼겹살을 맛있게 굽고 국물이 끝내주는 김치찌개도 끓였어요. 후식까지 먹은 뒤에 아빠가 엄마를 보며 말했어요.

"오늘 요리는 다 내가 했으니 설거지는 당신이 하면 어때요?"

그러자 엄마가 어이없어하는 표정을 지었어요.

"무슨 소리예요? 나는 어제도 집에서 설거지했다고요."

엄마와 아빠가 재영이를 쳐다보자 재영이는 다급히 외쳤어요.

"저 혼자서는 못해요!"

그래서 설거지 담당을 뽑으려고 사다리 타기 게임을 했지요.

설거지 담당은 아빠와 재영이 두 사람으로 결정됐어요. 투덜대며 취사장에 도착한 아빠와 재영이는 환호성을 올렸어요. 개수대에 이런 팻말이 붙어 있었거든요.

배수관 공사로 설거지 절대 금지!

"오, 예! 설거지 안 해도 된다!"

아빠와 재영이가 신나게 텐트로 돌아가자, 엄마는 못 말리겠다는 듯 웃었답니다.

옛날에는 '설거지하다'라는 뜻으로 '설겆다'라는 표현을 썼어요. '설거지'는 '설겆이'라고 썼고요. 그러나 시간이 흐르면서 '설겆다', '설겆이'라는 옛말은 쓰지 않기로 약속했기 때문에 지금은 '설거지하다', '설거지'만 사용해요.

깨끗이 vs 깨끗히

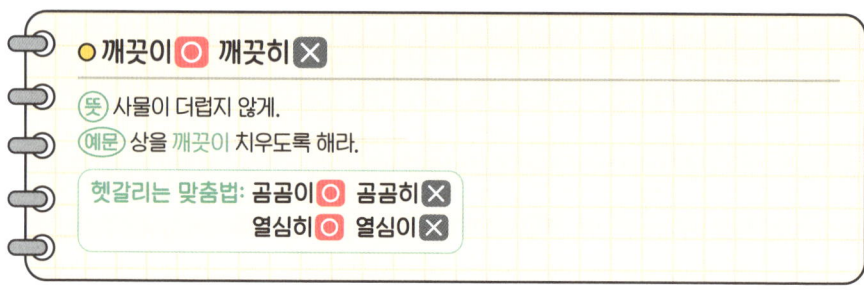

수민이는 월요일마다 일주일 치 용돈을 받아요. 그런데 친구들과 떡꼬치를 사 먹거나 새로 나온 강아지 간식을 사다 보면 용돈이 모자랄 때가 많아요.

그래서 수민이는 집에서 아르바이트를 하기로 했어요. 마트까지 다녀오는 심부름 오백 원, 서재 깨끗이 정돈하기 천 원, 설거지는 천 원으로 정했답니다.

다음 날, 수민이는 책으로 어질러진 서재를 정리했어요. 엄마가 가르쳐 준 대로 먼지떨이로 먼지를 떨고 책들을 제자리에 꽂아 놓았죠. 전집은 차례대로 정리했고요.

정돈된 서재를 보더니 아빠가 칭찬했어요.

"정말 깨끗이 잘했네."

수민이는 아빠에게서 천 원을 받았어요.

그다음 날에는 저녁을 먹자마자 설거지를 했어요. 엄마한테 천 원만 더 받으면 갖고 싶은 머리끈을 살 수 있거든요. 하지만 까다로운 엄마에게서 용돈을 받기는 쉽지 않았어요.

"여기 아직 음식물이 묻어 있네. 수민아, 이렇게 대충대충 하면 용돈을 줄 수 없어. 알겠니?"

수민이는 입을 삐죽이며 다짐했어요.

'내일은 설거지를 깨끗이 해서 반드시 용돈을 벌고 말겠어!'

'깨끗이'는 '더럽지 않고 말끔하게'라는 뜻이에요. '깨끗히'는 틀린 표현입니다. 끝말이 '이'나 '히'로 끝나는 단어들은 혼동될 때가 많으니 사전에서 잘 찾아보고 써야 해요.

살코기 vs 살고기

- 살코기 ⭕ 살고기 ❌
- (뜻) 기름기나 힘줄, 뼈 따위를 발라낸, 순살로만 된 고기.
- (예문) 카레에 넣을 살코기를 사야 해.
- 비슷한 맞춤법: 암탉 ⭕ 암닭 ❌
  안팎 ⭕ 안밖 ❌

미래는 살이 빠지려면 지방이 적게 든 살코기를 많이 먹는 게 좋다는 내용을 우연히 인터넷에서 봤어요. 그때부터 미래는 살코기 반찬만 쏙쏙 골라 먹었답니다.

그러자 엄마가 꾸중을 했어요.

"한창 자랄 때는 골고루 많이 먹어야 해. 그래야 쑥쑥 크지!"

"밥은 안 먹겠다니까요! 그냥 닭가슴살 같은 살코기만 먹을래요!"

미래는 자기 마음을 몰라주는 엄마가 야속했어요.

'나는 커서 세계적인 모델이 될 거야! 그러려면 지금부터 관리해야 하는데 내 생각도 모르고……'

저녁때가 되자 엄마와 아빠가 걱정스러운 얼굴로 말했어요.

"미래야, 모델이 되려면 키가 크고 뼈대가 곧게 자라야 하잖니. 살코기만 먹으면 다른 영양소가 부족해져서 키가 안 자랄지도 몰라."

"엄마 아빠가 우리 미래의 꿈을 열심히 응원할게. 대신 골고루 먹겠다고 약속해 주겠니?"

미래는 미안한 마음이 들었어요. 부모님 말은 듣지 않고 인터넷에 나온 말만 믿었으니까요.

"엄마 아빠, 고마워요. 이제 뭐든 골고루 먹을게요!"

'살코기'는 기름기나 힘줄, 뼈 따위를 발라낸 순살로만 된 고기를 말해요. 옛날에는 '살'이라는 말 끝에 'ㅎ' 음이 있었어요. 이 말이 '고기'와 합쳐지면 '살ㅎ고기'가 되는데, 'ㅎ고'가 '코' 발음이 된 거지요. 이렇게 오래된 말의 흔적이 남아서 현대에는 '살코기'라고 쓰게 되었답니다.

숟가락 vs 숫가락

- 숟가락 ⭕ 숫가락 ❌

(뜻) 밥이나 국물을 떠먹는 기구.
(예문) 나는 차려진 밥상에 숟가락만 얹었을 뿐이야.

비슷한 맞춤법: 곧장 ⭕ 곳장 ❌

현이는 아침마다 엄마와 전쟁을 치러요. 아침밥이 먹기 싫어 엄마를 피해 요리조리 도망 다니는 거예요.

"현이야, 한 숟가락만 더 먹자. 응? 딱 한 숟가락만."

콩이랑 당근이 싫어서 먹지 않으려 할 때도 있지만, 엄마가 밥을 먹이려고 따라오는 게 재미있어서 일부러 그럴 때도 있어요.

그런데 오늘은 엄마가 밥 먹으라며 따라오지를 않았어요. 엄마가 아무 말이 없으니 이상했지요.

'엄마가 웬일이지?'

현이는 엄마 눈치를 보며 다시 식탁으로 갔어요. 그런데 식탁에 있던 음식이 몽땅 치워져 있고, 숟가락도 안 보이지 뭐예요?

"현이 네가 먹기 싫다면 이제 아침밥 안 차려 줄 거야!"

엄마가 잔뜩 화난 목소리로 말했지요.

결국 현이는 아무것도 먹지 못한 채로 학교에 갔어요. 학교 가는 길에 배에서 '꼬르륵꼬르륵' 소리가 크게 났어요. 점심시간이 될 때까지 배가 너무 고팠지요.

'이제 아침밥 꼬박꼬박 챙겨 먹을래!'

현이는 속으로 다짐했어요.

'숟가락'은 '술'과 '가락'이 합쳐져 만들어진 단어예요. '술'은 본래 '밥 두어 술' 할 때처럼 음식물을 숟가락으로 떠서 분량을 세는 단위예요. 이 '술'의 받침이 'ㄷ'으로 변하고, 거기에 가늘고 긴 모양을 나타내는 '가락'이 합쳐진 말이랍니다. '숫가락'으로 잘못 쓰지 않도록 조심하세요.

통째 vs 통채

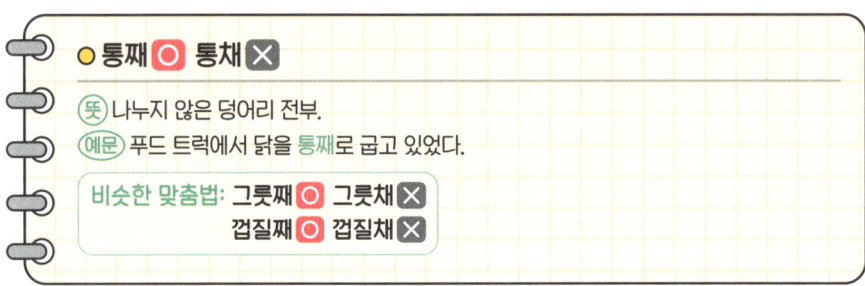

기영이는 맞춤법 때문에 골치가 아파요. 공부할수록 헷갈리고 어려웠거든요. 기영이는 아빠랑 받아쓰기 공부를 하면서 투덜댔어요.

"나무꾼은 나무꾼인데, 나뭇가지는 왜 나뭇가지예요? 아빠는 어릴 때 어떻게 공부했어요?"

아빠는 잠깐 생각하더니 짐짓 으스대며 말했어요.

"아빠는 공부하다 어려우면 책을 통째로 외웠어."

"헐! 진짜요? 책을 통째로 외운다고요?"

"그럼! 아빠가 암기왕이었거든."

그때 옆에서 듣던 엄마가 어이없다며 웃었어요.

"당신 왜 거짓말을 해요?"

"내가 무슨 거짓말을 했다고 그래요?"

"기영아, 엄마랑 아빠랑 중학교 동창인 거 알지? 2학년 때 같은 반이었는데, 아빠는 책을 통째로 외운 게 아니라 그냥 책을 베고 잤단다. 호호."

엄마 말에 아빠는 아무 대꾸도 못 하고 헛기침만 했어요. 그러더니 냉장고에서 시원한 생수병을 꺼내 통째로 들이켰어요.

"왜요, 진실을 말하니 속이 타요?"

기영이는 속으로 쿡쿡 웃었어요. 엄마랑 아빠는 가끔 아이 같다니까요.

'통째'는 '나누지 않은 덩어리', '덩어리 전부'를 뜻해요. '째'라는 단어에는 '그대로' 또는 '전부'라는 뜻이 있어요. '통채'는 틀린 말이랍니다.

며칠 vs 몇일

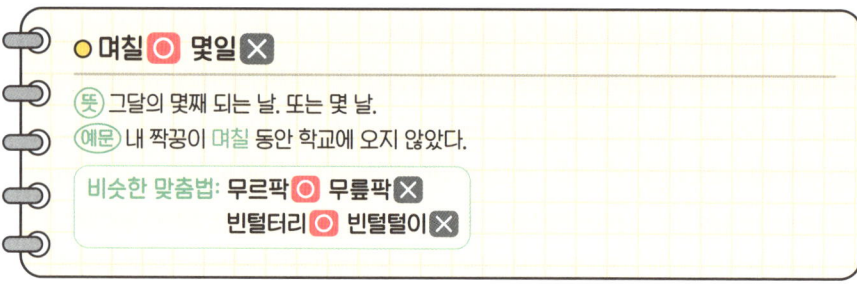

지혜는 일기를 쓰듯 SNS에 사진을 올려요. 하루라도 사진을 올리지 않으면 기분이 찜찜하거든요. 그런데 요 며칠 감기 몸살 때문에 사진을 올리지 못했어요.

'오늘이 몇 월 며칠이지? 요즘 왜 사진이 안 올라오는지 친구들이 궁금해할 거야.'

지혜는 엄마가 쑤어 준 전복죽을 예쁘게 그릇에 담아 사진을 찍어 올렸어요.

몇일 너무 아파 입맛이 없었는데 엄마가 만들어 준 전복죽을 먹고 기운을 차렸다.

글을 올리자마자 마치 기다렸다는 듯 댓글 알림음이 울렸어요. 지혜는 설레는 마음으로 휴대폰을 들여다봤어요.

'누굴까?'

첫 댓글을 단 사람은 바로 이모였어요.

우리 지혜, 많이 아팠니? 다 나았다니 다행이네. 그런데 지혜야, 맞춤법이 틀렸어. '몇일'이 아니라 '며칠'이야.

지혜는 순간 실망했지만 얼른 틀린 글자를 바르게 고쳤어요.

'이모가 먼저 봐서 다행이야. 하마터면 창피당할 뻔했네. 휴……'

'며칠'은 옛날에 '며츨'이라고 쓰던 단어에서 변형된 거예요. 보통 '몇 월 몇 일'이라고 많이 쓰지만 '몇 일'은 우리말에 없는 단어예요. 어떤 경우든 '며칠'로 적어야 하지요. 그러니까 '오늘이 몇 월 며칠이야?'가 맞답니다.

돼 vs 되

- 돼 ⭕ 되 ❌

(뜻) '되어'가 줄어든 말.
(예문) 내가 친구의 처지가 **돼** 보니, 친구의 심정을 이해할 수 있었다.

비슷한 맞춤법: 봬요 ⭕ 뵈요 ❌

요즘 재희는 엄마한테 서운한 게 많아요. 재희가 뭐만 하려고 하면 엄마가 안 된다는 말부터 하거든요.

"재희야, 집 안에서 뛰면 안 돼!"

"간식 많이 먹으면 건강에 나빠. 자꾸 먹으면 안 돼!"

"그렇게 가까이에서 텔레비전 보면 안 돼!"

엄마는 '안 돼'라는 말만 할 줄 아는 것 같아요. 재희는 그런 엄마에게 심술이 나서, 청개구리처럼 엄마가 하지 말라는 것만 하게 됐어요. 밤에 일부러 쿵쿵 뛰기도 하고, 간식도 엄마 몰래 두 번이나 더 먹었어요.

그러자 엄마가 재희를 크게 야단쳤어요.

"전재희! 이렇게 심술을 부리면 돼, 안 돼?"

엄마에게 혼이 나자 재희 눈에서 눈물이 뚝뚝 떨어졌어요.

"엄마는 왜 맨날 안 된다고만 해요?"

재희 말을 듣고 아차 싶었던 엄마는 재희를 꼭 안아 줬어요.

"엄마는 재희가 다치거나 건강이 나빠질까 봐 그랬는데 재희가 많이 속상했구나. 앞으로 엄마가 말하는 방법을 바꿔 볼게."

재희는 어떻게 하면 서로 듣기 좋게 말할 수 있을지 엄마와 함께 고민해 보기로 했어요. 물론 재희도 엄마 말을 잘 듣고요.

'돼'는 '되어'가 줄어든 말이에요. 문장이 끝나는 자리에는 무조건 '돼'만 올 수 있어요. '되'와 헷갈릴 때는 '되'와 '돼' 자리에 '되어'를 넣어 보고 말이 되면 '돼'를, 말이 안 되면 '되'를 쓰면 돼요.

베개 vs 배게

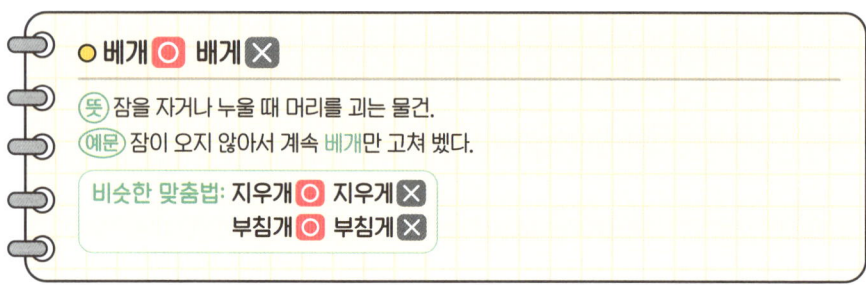

승아 집에 새 고양이 식구가 생겼어요. 이름은 '탄이'예요. 다친 길고양이를 승아가 돌봐 주다 입양하게 됐지요. 그래서인지 탄이는 승아 곁을 잘 떠나지 않았어요.

"탄이야, 이리 와서 아빠랑 자자."

아빠가 불렀지만 탄이는 꼼짝을 하지 않았어요.

"싫다냥, 아빠 베개는 대나무 베개라 너무 딱딱하다냥."

하지만 아무도 탄이 말을 알아듣지 못했답니다.

"탄이야, 엄마한테 올래?"

그러나 탄이는 꼼짝도 하지 않았어요.

"싫다냥, 엄마 메밀 베개는 바스락 소리가 난다냥."

엄마 아빠는 고개를 갸웃했어요.

"왜 탄이가 아무 반응이 없지?"

그렇지만 승아는 탄이 말을 다 알아들었답니다.

"탄이는 푹신푹신한 내 베개가 제일 좋대."

승아 말이 끝나자마자 탄이는 승아 베개 위로 올라갔어요.

"내 마음을 알아주는 승아 누나가 있어 행복하다냥."

'베개'는 잠을 자거나 누울 때 머리를 받치는 물건이에요. 누울 때 머리를 받친다는 뜻의 '베다'라는 말에 간단한 도구를 뜻하는 '–개'가 붙어 만들어진 말이지요. '부침개', '지우개', '덮개' 같은 말도 모두 같은 방식으로 만들어졌답니다.

시월 vs 십월

- 시월 ⭕ 십월 ❌
- 뜻) 한 해 열두 달 가운데 열째 달.
- 예문) 시월에는 내 생일과 엄마 생일이 함께 있다.
- 비슷한 맞춤법: 유월 ⭕ 육월 ❌

선생님이 시월 초에 시험을 친다고 말했어요. 성적이 가장 많이 오른 사람에게 상장과 상품을 준다고 해서 지용이는 열심히 공부했어요.

누나 지희가 옆에 오더니 이렇게 말했어요.

"내가 공부 좀 도와줄 테니 상품 받으면 나눠 주기. 알았지?"

"싫어! 십월이 되려면 아직 멀었어. 나 혼자 할 수 있어!"

"십월이 뭐야, 십월이! 시월이지. 맞춤법도 모르면서 답이나 제대로 쓸 수 있겠어?"

맞춤법 조금 더 안다고 으스대는 누나가 아니꼬웠지만, 지용이는 꼬리를 내릴 수밖에 없었어요. 시험은 보름밖에 남지 않았고, 엄마는 바빠서 문제집 채점을 못 해 준다고 했거든요. 지용이는 누나와 함께 열심히 공부했어요.

시험 치는 날이 되었어요. 지용이는 국어 시험지를 받고 기분이 좋았어요. 누나가 그렇게 핀잔을 주며 가르쳐 준 시월 맞춤법이 문제로 나왔거든요.

'앗싸!'

행운은 지용이 편이었어요. 지용이는 성적이 많이 올라 상장과 상품을 받았어요. 물론 상품은 누나에게 나눠 주었지요.

'시월'은 '10월'을 우리말로 쓴 거예요. 1월부터 12월까지 한글로 쓰면 일월, 이월, 삼월, 사월…… 숫자 발음 그대로예요. 그런데 '유월(6월)'과 '시월(10월)'만 평소 생활하면서 발음하는 소리 그대로 표준어로 삼았어요. '육월', '십월'이라고 하면 안 돼요.

거꾸로 vs 꺼꾸로

- 거꾸로 ⭕ 꺼꾸로 ❌
- 뜻) 차례나 방향, 또는 형편 따위가 반대로 되게.
- 예문) 토마토는 거꾸로 발음해도 토마토다.

'아무래도 뭐가 이상해.'

민식이는 왠지 옷이 불편하고 목이 답답하게 느껴져 공부에 집중하기 힘들었어요. 민식이가 자꾸 산만하게 움직이자 영지가 힐끔 보더니 킬킬 웃었어요.

"왜 웃어?"

"너 옷 거꾸로 입었어. 앞뒤가 바뀌었다고."

민식이는 영지 말에 얼른 옷을 살펴봤어요. 맙소사, 옷 뒷면이 앞으로 와 있었어요. 민식이는 창피해서 견딜 수가 없었어요.

"거꾸로 아니야. 요즘에는 이런 게 유행이야."

물론 그건 거짓말이었어요. 쉬는 시간이 되자 민식이는 얼른 화장실로 가서 옷을 바로 입었어요.

그런데 오늘은 민식이에게 정말 최악의 날인가 봐요. 집으로 가는 길에 우산까지 거꾸로 뒤집혀 비를 쫄딱 맞았지 뭐예요.

'에이, 오늘은 되는 일이 하나도 없네!'

아무래도 심술쟁이 마녀가 민식이를 하루 종일 골려 주기로 작정한 듯했어요. 민식이는 그날 이후로 옷을 입을 때면 앞뒤를 꼼꼼히 살피고 입는답니다.

'거꾸로'는 '차례나 방향, 또는 형편 등이 반대로 되게'라는 뜻이에요. '가꾸로', '까꾸로'라는 표현은 함께 쓰지만, '꺼꾸로'는 아예 틀린 말이니 주의하세요.

희한하다 vs 희안하다

- ○ 희한하다 ⭕ 희안하다 ❌
- (뜻) 매우 드물거나 신기하다.
- (예문) 이건 처음 보는 희한한 물건이다.

수찬이는 삼촌이랑 잘 통해요. 수찬이는 탐정 이야기를 좋아하고 삼촌은 미스터리에 관심이 많지요.

어느 날, 삼촌이 여행하면서 겪은 희한한 이야기를 들려주었어요.

"수찬아, 얼마 전에 삼촌이 중국을 여행하고 왔잖아. 하루는 사람이 거의 없는 곳에서 잘못된 표지판 때문에 길을 잃었거든……."

수찬이는 삼촌 이야기에 귀를 기울였어요.

"길을 헤매다 깊은 숲속에 있는 외딴 마을로 들어섰는데, 놀랍게도 거기 사는 사람들 나이가 이백 살도 넘었다지 뭐니."

"네? 이백 살이요? 에이, 거짓말!"

"진짜야. 그 사람들은 중국에서 전쟁이 일어날 때부터 그곳에 숨어 살았다는데, 아직도 그 전쟁이 끝난 줄을 모르더라니까. 재밌지?"

그때 수찬이 아빠가 한심하다는 표정으로 삼촌에게 꿀밤을 먹였어요.

"희한하다, 희한해. 점잖은 우리 집안에 어떻게 너 같은 허풍쟁이가 나왔을까."

"허풍쟁이라니!"

그러면서 삼촌은 이렇게 말을 얼버무렸어요.

"그런데 한국에 돌아와서 보니 희한하게도 그곳에서 찍은 사진 파일만 다 지워졌지 뭐야."

'희한하다'는 매우 드물거나 신기하다는 뜻이에요. 드물 희(稀), 드물 한(罕) 자를 쓰는 한자어에서 생겨났지요. 이제 '희안하다'로 혼동하지 않겠죠?

헷갈리는 '이'와 '히'

'-이'와 '-히'로 끝나는 단어를 모았어요. 맞춤법이 틀리지 않도록 혼동될 때마다 확인해 보세요.

-이	-히
가까이	가득히
겹겹이	가만히
곰곰이	간편히
깊숙이	고요히
깨끗이	급히
나날이	꼼꼼히
너그러이	당당히
느긋이	도저히
더욱이	분명히
따뜻이	소홀히
반듯이	솔직히
새로이	쏠쏠히
일일이	정확히
일찍이	조용히

퀴즈로 복습하기

⭐ 다음 문장을 읽고 맞는 단어에 동그라미 하세요.

① [구지] [굳이] 새 가방을 사야겠니?

② 방학이 [금새] [금세] 끝나 버렸어.

③ 이제 [눈곱] [눈꼽] 도 떼고 [깨끗이] [깨끗히] 세수할게요.

④ 얘들아, 수업 시간에 떠들면 안 [되] [돼] .

⑤ 나는 [떡볶이] [떡볶기] 보다 순대가 더 좋아.

⑥ 오늘이 몇 월 [몇일] [며칠] 이야?

⑦ 어제 [베개] [배게] 없이 잤더니 목이 아프네.

⑧ 오늘은 [왠지] [웬지] 김치 [찌개] [찌게] 가 먹고 싶어.

⑨ 목이 말라 우유를 [통째] [통채] 로 들이켰어.

⑩ 우리 동네에서 가스 [폭발] [폭팔] 사고가 크게 났대.

① 굳이 ② 금세 ③ 눈곱, 깨끗이 ④ 돼 ⑤ 떡볶이
⑥ 며칠 ⑦ 베개 ⑧ 왠지, 찌개 ⑨ 통째 ⑩ 폭발

2장
발음은 비슷해도 뜻이 다른 맞춤법

가르치다 vs 가리키다

- ○ 가르치다
  - (뜻) 지식이나 기능, 이치 등을 깨닫게 하거나 익히게 하다.
  - (예문) 내가 어릴 때 삼촌이 영어를 가르쳐 주셨지.

- ○ 가리키다
  - (뜻) 손가락 등으로 어떤 방향이나 대상을 집어서 보이거나 말하거나 알리다.
  - (예문) 선생님이 지각이라며 시계를 가리키셨어.

일요일은 주영이가 아빠와 함께 운동하는 날이에요. 늦잠을 잔 주영이는 세수도 하지 않은 채 아빠와 운동장으로 갔어요.

"저번에 내가 가르쳐 준 준비 운동부터 해 보자."

주영이는 투덜대며 준비 운동을 했어요. 그렇게 한참 몸을 풀 무렵, 운동장 앞으로 지나가는 같은 반 여자아이들이 보였어요.

"안녕하세요. 주영이 같은 반 친구예요."

"아이고, 일요일인데 다들 운동하러 나왔구나!"

주영이는 대충 눈인사만 하고 돌아섰어요. 꼬질꼬질한 주영이를 가리키며 아이들이 비웃는 것만 같았어요.

아빠는 주영이 속도 모르고 귓속말로 물었어요.

"주영아, 저 아이들 중에 네가 좋아하는 아이 있니? 있으면 누군지 가리켜 봐."

주영이는 망설이다 손가락으로 짝꿍 수아를 가리켰어요.

"저기 체육복 입은 수아요. 짝꿍인데 내가 모르는 걸 물어보면 뭐든 잘 가르쳐 줘요. 진짜 착해요."

그때 수아가 돌아보더니 빙긋 웃었어요. 수아와 눈이 마주친 주영이는 심장이 콩닥콩닥 뛰었지요.

'가리키다'는 손가락 등으로 방향이나 물건을 지시한다는 뜻이고, '가르치다'는 모르는 것을 알게 해 준다는 뜻이에요. 이 두 단어를 서로 섞어서 '가르키다'라고 쓰는 경우가 많은데, 이것은 틀린 표현이니 주의해야 해요.

잃어버리다 vs 잊어버리다

- **잃어버리다**
  - (뜻) 가졌던 물건이 자신도 모르게 없어지다.
  - (예문) 학교에서 휴대폰을 잃어버렸어.

- **잊어버리다**
  - (뜻) 한번 알았던 것을 모두 기억하지 못하거나 전혀 기억해 내지 못하다.
  - (예문) 지난 시간에 배운 것을 모두 잊어버렸다.

체육 수업이 끝나고 교실로 돌아온 성훈이는 얼굴이 하얘졌어요. 분명히 바지 주머니에 넣어 두었던 오천 원이 없어졌거든요.

성훈이는 고민 끝에 선생님에게 갔어요.

"선생님, 돈을 잃어버렸어요. 누가 제 돈을 가져갔나 봐요."

"성훈아, 친구들을 의심하기 전에 조금 더 찾아보자."

그렇지만 이미 성훈이는 친구들을 의심하고 있었어요.

'아까 창수가 나보다 늦게 나왔어. 참! 민아도 준비물 가지러 다시 교실로 들어갔는데.'

성훈이는 친구들 행동을 하나하나 떠올려 보며 반드시 범인을 찾겠다고 다짐했어요.

다음 날, 성훈이는 선생님을 찾아가 머쓱한 얼굴로 말했어요.

"선생님, 저 돈 찾았어요."

"그래? 어디서?"

성훈이는 뒤통수를 긁적이며 말했어요.

"자려고 누웠더니 그제야 생각나지 뭐예요. 점심시간에 간식 사 먹은 걸 깜빡 잊어버려서 그만……."

선생님은 성훈이 어깨를 툭 치며 말했어요.

"돈을 찾은 것도 다행이지만, 우정을 잃어버리지 않아서 정말 다행이구나."

'잊어버리다'는 기억해야 할 일이나 생각이 지워졌을 때 쓰는 말이에요. 기억이 나지 않는다는 뜻이지요. '잃어버리다'는 갖고 있던 물건이 자기도 모르게 없어졌을 때 쓰는 말이에요.

낫다 vs 낳다

- **낫다**
  - 뜻① 병이나 상처가 고쳐져 본래대로 되다.
  - 뜻② 더 좋거나 앞서 있다.
  - 예문 약을 먹었더니 감기가 다 나았어.

- **낳다**
  - 뜻 배 속의 아이, 새끼, 알을 몸 밖으로 내놓다.
  - 예문 할머니네 소가 송아지를 낳았다.

학교 수업이 끝나자 지수는 서둘러 교실을 나갔어요.

"승아야, 미안. 오늘은 혼자 갈 데가 있어."

승아는 짝꿍 지수가 같이 가자고 하지 않아 뽀로통해졌어요.

지수가 혼자 간 곳은 반려 동물 용품을 파는 가게였어요. 승아네 강아지가 새끼를 낳아 선물을 사러 온 거예요.

"어떤 게 더 좋을까? 이게 낫나?"

지수는 마음에 쏙 드는 선물을 골라 승아네 집으로 갔어요.

"짜잔!"

"지수야, 이게 뭐야?"

"어제 초코가 새끼 낳았다며. 그래서 아기용 간식을 사 왔어."

"엥? 우리 초코는 수컷인데?"

지수는 어이가 없어 어제 승아가 보낸 문자 메시지를 보여 줬어요.

지수야, 우리 초코가 이제 겨우 낳았어.

"이것 봐! 초코가 낳았다고 했잖아. 그래서 새끼 낳은 줄 알았지."

"병이 나았다는 말이었는데, 내가 잘못 썼네. 미안, 헤헤."

오해가 풀린 지수와 승아는 까르르 웃었어요.

'낫다'는 '병이나 상처가 고쳐져 본래대로 돌아오다', '무엇이 무엇보다 더 좋거나 앞서 있다'는 뜻이에요. '낳다'는 아이를 낳거나, 어떤 결과를 이루었다는 뜻이랍니다. 두 단어를 혼동하지 않도록 주의하세요.

-로서 vs -로써

- **-로서**
  - (뜻) 지위나 신분 또는 자격을 나타내는 말.
  - (예문) 할아버지는 소방관으로서 한평생 성실하게 사셨어.

- **-로써**
  - (뜻) 어떤 물건의 재료나 원료, 또는 어떤 일의 수단이나 도구를 나타내는 말.
  - (예문) 마음을 열면 대화로써 풀지 못할 일이 없다.

미진이는 단짝 영아랑 다투고 말았어요. 토요일에 문구점에서 만나기로 했는데 영아가 갑자기 약속을 취소했거든요. 전에도 이런 적이 있어서 미진이는 그만 큰 소리를 냈어요.

"됐어! 다시는 너랑 약속 같은 거 안 해!"

미진이는 혼자 문구점을 구경하는데 너무 속이 상했어요. 어떻게 친구로서 약속을 그렇게 쉽게 어길 수 있을까요?

이튿날, 영아한테 전화가 왔어요. 영아는 어제 일이 미안했는지 조심스레 말했어요.

"미진아, 잠깐만 아파트 앞 공원으로 나올래?"

공원에 가니 영아가 먼저 와서 기다리고 있었어요. 영아는 귀여운 스티커를 건네며 말했어요.

"이거 네가 좋아하는 캐릭터 스티커야. 어렵게 구했는데, 이 스티커로써 네 마음이 조금이라도 풀리면 좋겠어."

미진이는 거절하기 어려웠어요. 그건 정말 구하기 힘든 캐릭터 스티커인데, 미진이가 몹시 갖고 싶어 했거든요. 미진이는 웃음이 터지려는 걸 꾹 참으며 스티커를 받았어요. 그러고는 이렇게 말했죠.

"그래, 알았어. 친구로서 이번에만 내가 넘어가 줄게."

'-로서'는 지위나 신분 또는 자격을 나타내는 말이에요. '-로써'는 어떤 물건의 재료, 일의 수단이나 방법을 나타내기 때문에 주로 사물에 붙는답니다.

-던지 vs -든지

- **-던지**
  - (뜻) 지나간 일을 회상하거나 추측할 때 쓰는 말.
  - (예문) 얼마나 배가 고팠던지 밥을 두 그릇이나 먹었어.

- **-든지**
  - (뜻) 어느 것이 선택되어도 차이가 없거나, 대상 중에서 어느 것이 선택될 수 있음을 나타내는 말.
  - (예문) 밥을 먹든지 게임을 하든지 둘 중 하나만 해.

옛날 어느 마을에서 주민들이 이용할 마을 회관을 짓기 위해 마을 이장이 목수 세 사람을 불러 일을 맡겼어요. 그런데 셋은 일하는 태도가 저마다 달랐어요.
　첫 번째 목수는 어찌나 투덜대던지 항상 찌푸린 얼굴이었어요.
"일이 많이 힘드시오?"
이장이 묻자 목수는 퉁명스럽게 대답했어요.
"내가 힘들어하든지 말든지 신경 쓰지 마세요."
　두 번째 목수는 어찌나 무표정하던지 속마음을 알 수가 없었어요.
"일이 많이 힘들지요?"
이장이 묻자 목수는 담담하게 대답했어요.
"돈 벌려고 하는 일이니 힘이 들어도 어쩔 수 없지요."
　세 번째 목수는 어찌나 밝던지 늘 콧노래를 흥얼거렸어요.
"일이 힘들지 않으시오?"
이장이 묻자 목수는 웃으며 대답했어요.
"날씨가 좋든지 말든지, 돈을 많이 벌든지 적게 벌든지, 저는 이 일이 좋습니다. 마을 사람들이 모두 이용하는 곳을 지을 수 있어 뿌듯합니다."
　이장은 세 번째 목수의 말에 감동했어요. 이 이야기는 마을 사람들 사이에 널리 퍼져서, 세 번째 목수는 바로 다음 이장을 맡을 만큼 사람들의 신망을 얻었답니다.

　'-던지'는 과거에 한 행동을 생각하거나 추측할 때 쓰는 말이에요. '-든지'는 어느 것이든 선택할 때 쓰는 말이고요.

안 vs 않

- **안** (←아니)
- 예문) 여름 내내 비가 안 와서 논이 쩍쩍 갈라졌다.
- **않** (←아니하)
- 예문) 일이 생각만큼 쉽지 않다.

민식이는 아빠와 함께 짧은 마라톤 대회에 참가했어요. 출발선 근처에는 목운동을 하거나 손목과 발목을 터는 사람들이 많았어요.

"민식아, 준비 운동은 제대로 했니?"

아빠도 허리를 돌리며 민식이에게 물었어요.

"아까 했어요. 그리고 이 정도는 준비 운동 안 해도 돼요."

출발 신호가 울리자 민식이는 힘껏 뛰기 시작했어요. 숨이 가쁘고 다리가 점점 무거워졌지만 꾹 참고 뛰었어요. 그런데 결승선이 저만치 보일 때, 다리가 뻣뻣하게 굳었어요. 민식이가 그 자리에 주저앉자 앞서 가던 아빠가 깜짝 놀라 되돌아왔지요.

"아빠, 다리가 너무 아파요."

아빠는 민식이 다리를 주물러 주며 말했어요.

"아까 준비 운동을 제대로 안 해서 그런 거야. 몸을 잘 풀어 주지 않으면 이렇게 다리에 쥐가 난단다."

민식이는 결국 달리기를 포기하고 아빠의 도움을 받아 절뚝이며 결승선을 향해 걸어갔어요. 저 앞에서 결승선으로 들어가는 사람들이 보였어요. 민식이는 다리를 주무르며 굳게 다짐했어요.

'다음부터는 준비 운동을 잘해야지. 나도 포기하지 않고 언젠가 저 결승선을 꼭 통과할 거야.'

'안'은 '아니'를 줄인 말이고, '않'은 '아니하'를 줄인 말이에요. 혼동될 때는 '아니'나 '아니하'를 각각 넣어 보고 어느 쪽을 썼을 때 문장이 성립하는지 보면 돼요.

반드시 vs 반듯이

- **반드시**
  - (뜻) 틀림없이 꼭.
  - (예문) 내일 아침 여섯 시에는 반드시 일어나야 해.

- **반듯이**
  - (뜻) 작은 물체, 또는 생각이나 행동이 비뚤어지거나 기울거나 굽지 않고 바르게.
  - (예문) 잘 때 반듯이 누워 자야 코를 덜 곤대.

오늘은 민지 할머니의 생신이에요. 저녁때 온 가족이 모여 할머니 생신을 축하하기로 했어요. 아빠가 식당을 예약하고 엄마는 꽃을 준비한다고 했어요. 민지는 학교 근처 빵집에서 케이크를 사 가기로 했지요. 할머니가 그 빵집 케이크를 좋아하시거든요.

빵집에 들어서자 주인아저씨가 케이크를 건네며 말했어요.

"상자가 흔들리면 케이크가 한쪽으로 쏠려서 찌그러진단다. 반듯이 들고 가야 해. 할 수 있겠지?"

민지는 긴장했어요. 할머니 생일 케이크가 조금이라도 찌그러지면 안 되니까요.

'실수 없이 잘할 수 있겠지? 아니, 반드시 잘 해내야만 해!'

민지는 케이크 상자를 들고 조심조심 걸었어요. 버스에 타서도 케이크가 한쪽으로 쏠릴까 봐 손으로 반듯이 받쳤지요. 긴장한 탓에 힘이 많이 들었지만 케이크를 할머니 집까지 무사히 가져갈 수 있었어요.

"어머나, 할머니가 제일 좋아하는 케이크를 민지가 사 왔구나!"

"고생 많았다, 민지야."

케이크를 반듯이 들고 오는 내내 정말 힘들었지만, 할머니가 좋아하시는 모습을 보니 민지도 날아갈 것처럼 기분이 좋았어요.

'반듯이'는 '어떤 물건이나 모양이 비뚤어지지 않고 곧고 바르게 있는 상태'를 말해요. '반드시'는 '틀림없이', '꼭'이라는 뜻이에요.

바라다 vs 바래다

- ○ **바라다**
  - (뜻) 생각이나 바람대로 어떤 일이나 상태가 이루어지거나 그렇게 되었으면 하고 생각하다.
  - (예문) 크리스마스에 내가 간절히 바라던 선물을 받았어.

- ○ **바래다**
  - (뜻) 볕이나 습기를 받아 색이 변하다.
  - (예문) 어릴 때 갖고 놀던 인형 옷 색깔이 바랬어.

지우는 친구들 앞에서 휴대폰을 꺼내기가 부끄러워요. 휴대폰 케이스가 너무 낡았거든요.

"지우 휴대폰 케이스 좀 봐. 판다 눈이 없어졌어. 낄낄."

너무 오래 썼더니 색이 바래서 판다 그림이 흐려진 거죠. 새 케이스를 사 달라고 몇 번이나 졸랐지만 엄마한테는 통하지 않았어요.

"케이스 색이 바랬다고 휴대폰이 안 되는 건 아니잖니?"

그런데 지우 휴대폰 케이스를 보고 같은 반 예솔이가 수줍어하며 말했어요.

"지우야, 내가 새것처럼 만들어 줄까?"

"정말?"

지우는 예솔이에게 휴대폰을 건넸어요. 예솔이는 그림을 잘 그리니까 믿고 맡기기로 했지요. 예솔이는 가방에서 색깔 본드를 꺼내 쓱쓱 짜더니 순식간에 귀여운 판다를 그려 주었어요. 지우가 딱 바라던 대로 눈이 훨씬 크고 귀여운 판다가 되었지요.

"우아, 예쁘다!"

다른 친구들도 예솔이 솜씨에 감탄했어요. 예솔이가 씩 웃으며 휴대폰을 건네자 지우는 날아갈 듯이 기뻤어요.

'바라다'는 어떻게 되었으면 좋겠다, 무엇을 얻고 싶다고 소망을 표현할 때 주로 쓰는 말이에요. '바래다'는 햇볕이나 습기 때문에 시간이 지나 색이 변하는 것을 말하고요. 흔히 어떤 소원을 말할 때 '바램'이라고 쓰는 사람이 많은데, '바라다'에 'ㅁ'을 붙여 '바람'이라고 써야 맞아요.

매다 vs 메다

- **매다**
  - (뜻) 끈이나 줄의 두 끝을 엇걸고 잡아당겨 풀어지지 않게 마디를 만들다.
  - (예문) 달리는 도중에 풀리지 않게 신발 끈을 꼭 **매야** 해.

- **메다**
  - (뜻) 어깨에 걸치거나 올려놓다.
  - (예문) 삼촌은 배낭을 **메고** 세계여행을 떠났어.

성종이는 아빠가 부러웠어요. 공부 안 해도 되고, 돈을 벌어 마음대로 쓸 수 있으니까요. 양복에 넥타이를 맨 모습도 아주 멋지고요. 성종이는 자기 전에 기도를 했어요.

"저도 하루빨리 아빠 같은 어른이 되고 싶어요."

이튿날, 자고 일어났더니 놀라운 일이 벌어졌어요. 성종이 몸이 아빠 몸으로 바뀌어 있는 거예요!

성종이는 아빠 행세를 했어요. 콧노래를 부르며 넥타이를 매고 멋진 가죽 가방을 어깨에 메고는 회사에 갔지요.

'학교에 안 가니 정말 좋다, 히히.'

그런데 회사는 너무 바빴고, 아빠가 하는 일은 어려웠어요. 성종이는 우왕좌왕하다가 결재 서류를 잘못 쓰는 실수까지 저질렀어요.

"서류가 이게 뭡니까? 정신 차려요, 김 과장!"

부장님에게 어찌나 호되게 혼났는지 눈물이 찔끔 나왔지요.

또 다음 날에는 민방위 훈련에 모집되었어요. 어깨에 멘 배낭은 너무 무거웠고, 총을 똑바로 메는 법을 몰라 대장에게 야단을 맞았지요. 성종이는 그만 엉엉 울고 말았어요.

그때 누가 성종이를 위로해 주었어요.

"왜 그래, 우리 성종이. 울지 마."

눈을 떠 보니 아빠였어요. 꿈에서 깬 성종이는 아빠를 꼭 안아 주었어요.

'매다'는 끈이나 줄의 두 끝을 엮어 풀어지지 않게 매듭을 만드는 것을 말해요. '메다'는 물건을 어깨에 걸치거나 짊어지는 것을 뜻하고요. 어떤 것을 책임지고 도맡는다는 의미도 있어요.

이따가 vs 있다가

- **이따가**
  - 뜻: 조금 지난 뒤에.
  - 예문: 이따가 학교 앞으로 갈게.

- **있다가** (←있다)
  - 뜻: 어느 곳에서 떠나거나 벗어나지 않고 머물다가.
  - 예문: 집에 혼자 있다가 심심해서 영화 보고 왔어.

유하는 정린이와 함께 역 앞에 있는 큰 문구점에 가기로 했어요. 유하는 전문가용 물감을, 정린이는 뜨개실을 새로 사야 해서 함께 가기로 한 거예요.

문구점은 3층이나 될 정도로 규모가 컸어요. 미술 용품은 1층에, 뜨개질 용품은 3층에 있었어요.

"정린아, 여기서 이따가 30분 뒤에 만나자."

"그래."

유하는 미술 용품 코너로 갔어요. 좋은 물감과 붓이 정말 많아서 이것저것 구경하느라 시간 가는 줄 몰랐지요. 사고 싶은 물감을 고르고 시계를 보니 벌써 30분이 훌쩍 지났어요.

유하가 정린이와 약속한 곳으로 가자 정린이는 벌써 와 있었어요. 그런데 정린이 손에는 아무것도 없었어요.

"정린아, 너는 아무것도 안 골랐어?"

"나는 아직 구경 안 했어. 네가 여기서 있다가 만나자고 했잖아."

아이고, 정린이는 유하가 각자 구경한 뒤 '이따가' 만나자고 한 말을 '있다가' 만나자고 한 말로 착각했던 거예요. 그래서 계속 그 자리에서 유하를 기다린 거지요. 유하는 얼른 정린이와 함께 뜨개실을 파는 3층으로 갔답니다.

'이따가'는 '조금 지난 뒤에'라는 뜻으로 시간과 관련된 말이에요. 동사 '있다'에서 나온 '있다가'는 '어떤 곳에 머물다가'라는 뜻으로, 장소와 관련된 말이고요. 발음이 비슷해 혼동하기 쉽답니다.

빌다 vs 빌리다

- ○ 빌다
  - (뜻) 바라는 바를 이루게 해 달라고 간절히 부탁하다.
  - (예문) 달을 보며 소원을 빌었어.

- ○ 빌리다
  - (뜻) 남의 물건이나 돈 등을 나중에 도로 돌려주거나 대가를 갚기로 하고 얼마 동안 쓰다.
  - (예문) 준비물을 안 가져왔는데 가위 좀 빌려줄래?

"엄마, 저 도서관 다녀올게요!"

들꽃 도서관은 수빈이가 제일 좋아하는 곳이에요. 도서관에는 수빈이가 읽고 싶은 책이 가득해요. 또 도서관에서 다 읽지 못한 책은 빌려 갈 수도 있지요.

"이 책을 빌리고 싶은데, 반납은 언제까지인가요?"

"2주 안에 반납하면 돼. 그나저나 지금 독서 퀴즈 이벤트 중인데, 수빈이도 한번 도전해 볼래? 퀴즈를 풀면 다섯 명을 뽑아 상품을 주거든."

"저 할래요!"

떨리는 마음으로 퀴즈 문제를 받아 보니, 마침 수빈이가 얼마 전에 읽은 책의 내용이 나왔지 뭐예요. 수빈이는 정답을 적어 응모함에 넣었답니다.

'꼭 당첨되게 해 주세요.'

수빈이는 간절히 빌었어요.

'빌다'에는 '바라는 바를 이루게 해 달라고 간청하다', '잘못을 용서해 달라고 호소하다', '남의 물건을 공짜로 달라고 호소하여 얻다' 등 몇 가지 뜻이 있어요. '빌리다'는 남의 물건을 돌려주기로 하고 쓰는 것을 말해요.

작다 vs 적다

- 작다
  - 뜻) 길이, 넓이, 부피 등이 비교 대상이나 보통보다 덜하다.
  - 예문) 내 동생은 키가 작아서 귀여워.

- 적다
  - 뜻) 분량이나 정도가 일정한 기준에 미치지 못하다.
  - 예문) 올해는 작년보다 세뱃돈이 적어 속상해.

민재는 반 친구들보다 키가 작은 편이에요. 키가 작은 순서대로 줄을 서면 항상 앞에서 다섯 번째 안에 들지요.

'형민이만큼 키가 크고 싶은데, 어떻게 하면 키가 클까?'

엄마는 자연스럽게 키가 자랄 거라고 했지만, 민재는 이대로 영영 키가 크지 않을까 봐 걱정했어요.

그러던 어느 날, 할아버지 댁에 간 민재는 사촌 형을 만나고 깜짝 놀랐어요. 작년까지만 해도 민재보다 아주 조금 더 컸을 뿐인데, 머리 하나 이상 차이 날 만큼 키가 부쩍 컸지 뭐예요.

"형, 어떻게 하면 형처럼 키가 쑥쑥 클 수 있어?"

민재가 묻자 형은 이해한다는 듯이 고개를 끄덕이며 말했어요.

"일단 무조건 잘 먹어야 해. 살찐다고 적게 먹으면 안 돼. 잠도 적게 자면 안 되고. 대신 운동은 많이 해. 아무튼 나중에 갑자기 쑥 클 수 있으니까 걱정하지 마. 형도 반년 만에 엄청 컸는걸."

민재는 비로소 마음이 놓였어요. 그리고 형 말처럼 음식을 골고루 많이 먹고, 잠도 많이 자고, 운동도 많이 해야겠다고 다짐했지요.

'적다'는 '많다'의 반대말이에요. 어떤 것의 양이나 개수가 많지 않은 걸 뜻하죠. 옷·신발처럼 셀 수 있는 것이나 밥·용돈·눈처럼 양을 가늠할 수 있는 것에 써요. '작다'는 '크다'의 반대말이에요. 부피나 크기, 소리 등이 크지 않을 때 사용하지요. 구분하기 어려울 때는 각 단어의 반대말을 떠올려 보세요.

채 vs 체

- 채
  - 뜻) 이미 있는 상태 그대로 있다는 뜻을 나타내는 말.
  - 예문) 눈을 감은 채 조용히 음악을 들었다.

- 체
  - 뜻) 그럴듯하게 꾸미는 거짓 태도나 모양.
  - 예문) 예진이는 모르면서 아는 체를 할 때가 많다.

지은이는 목욕탕에 가는 게 싫어요. 뜨거운 물에 들어가는 것도 싫지만, 목욕탕에서 친구를 만나는 건 더 싫어요.

'오늘 우리 반 애를 만나는 건 아니겠지?'

그런데 가는 날이 장날이라더니, 지은이는 목욕탕에 들어가다 깜짝 놀랐어요. 저쪽에 앉아 있는 같은 반 친구 수진이를 봤거든요. 지은이는 벗은 채로 인사하기 싫어서 일부러 못 본 체했어요.

시간이 한참 흐른 뒤, 지은이는 시계를 보는 체하면서 수진이 자리 쪽을 힐끔 보았어요. 다행히 수진이는 나가고 없었어요.

'휴, 살았다. 이제 편하게 때 밀어야지.'

드디어 목욕을 다 끝내고 몸에 수건을 두른 채 탈의실로 나갔어요. 그런데 세상에, 수진이가 아직 가지 않고 탈의실에 있지 뭐예요.

수진이가 지은이를 보고 먼저 인사했어요.

"지은아, 안녕!"

지은이는 하는 수 없이 반가운 체하며 인사했어요.

"어어……, 안녕!"

지은이는 얼굴이 화끈거려 부랴부랴 옷을 갈아입고 얼른 목욕탕을 나왔어요. 엄마는 지은이 마음을 다 아는지 피식 웃었답니다.

'채'는 이미 있는 상태 그대로 유지한다는 뜻이고, '체'는 그럴듯하게 꾸미는 태도나 모양을 말해요. '체'는 '척'과 바꿔 쓸 수 있어요. '본체만체', '본척만척'처럼요.

닫다 vs 닿다

- **닫다**
  - (뜻) 열린 문짝, 뚜껑, 서랍 등을 도로 제자리로 가게 하여 막다.
  - (예문) 병에 든 음료수를 먹고 나면 뚜껑을 닫아야지.

- **닿다**
  - (뜻) 어떤 물체가 다른 물체에 맞붙어 사이에 빈틈이 없게 되다.
  - (예문) 드디어 배가 항구에 닿았다.

상진이는 잔뜩 긴장하며 키 재는 기계 위로 올라갔어요. 위에서 내려온 자가 상진이 정수리에 툭 닿은 순간, 보건 선생님이 말했어요.

"141센티미터!"

상진이는 기뻐서 하늘을 날 것 같았어요. 어느덧 3센티미터나 큰 거예요. 상진이는 저도 모르게 두 팔을 번쩍 들고 환호성을 질렀어요.

"야, 드디어 나도 탈 수 있다!"

상진이는 키가 작아서 지금껏 놀이동산의 회전 그네를 타지 못했어요. 누나가 훌쩍 큰 키를 자랑하며 혼자 탈 때마다 얼마나 부러웠는지 몰라요.

'이제 놀이동산에 가면 문 닫을 때까지 놀다 올 거야.'

주말에 상진이네 가족은 놀이동산에 갔어요. 바닥에 발이 닿지 않아 무섭던 바이킹이 지금은 전혀 무섭지 않았어요. 키가 작아 타지 못했던 회전 그네도 질릴 때까지 타고 또 탔지요. 상진이는 세상을 다 가진 것 같았어요.

상진이는 집으로 돌아오면서 생각했어요.

'다음에는 키 150센티미터에 도전!'

'닫다'는 문, 서랍, 뚜껑 등이 열린 것을 막는다는 뜻이에요. '닿다'는 물체끼리 서로 맞붙어 사이에 빈틈이 없어지는 것을 말해요. 어떤 곳에 이르거나 소식이 전달된다는 뜻도 있어요.

너머 vs 넘어

- **너머**
  - (뜻) 높이나 경계로 가로막은 사물의 저쪽.
  - (예문) 언덕 너머로 해가 뉘엿뉘엿 지고 있다.

- **넘어**(←넘다)
  - (뜻) 높은 부분의 위를 지나. ('넘다'의 활용형)
  - (예문) 열쇠가 없어서 담을 넘어 들어왔어.

호중이네 집 앞 언덕 너머에 있는 빨간 지붕 집에는 아주 괴팍한 할아버지가 혼자 산다는 소문이 있었어요.

"동네 형이 초인종으로 장난쳤다가 할아버지한테 무지 혼났는데, 완전 무섭게 생겼대."

호중이는 그 말을 듣고 그 집 근처에는 얼씬도 하지 않았어요.

그러던 어느 날, 근처 공터에서 형들과 축구를 하는 도중에 축구공이 그만 할아버지 집 담장 안으로 넘어가 버렸어요.

"호중이 네가 공을 찼으니까 네가 찾아와."

호중이는 무서웠지만 눈을 질끈 감고 담을 몰래 넘었어요. 얼른 공만 찾아올 생각이었죠. 그때 누가 소리쳤어요.

"게 누구냐?"

창문 너머로 할아버지가 보이자 호중이는 그 자리에 얼어붙고 말았어요. 할아버지는 밖으로 나오더니 새 축구공을 건네며 말했어요.

"저 너머에 사는 아이구나. 이거 가져가거라. 다 찢어진 축구공 갖고 놀지 말고. 그리고 남의 집 담을 넘으면 안 되지. 다음엔 꼭 초인종을 누르고 들어오렴."

소문과 달리 아주 다정한 할아버지였어요. 호중이는 신이 나서 뛰어가며 소리쳤어요.

"새 공을 선물 받았어! 엄청 좋은 공이야!"

'너머'는 가로막힌 사물의 저쪽, 또는 그 공간을 뜻해요. '넘어'는 실제로 높은 곳을 지나가는 행동을 뜻하고요. 일정한 시간이나 시기, 범위를 넘긴다는 의미도 담겼어요. '너머'는 위치, '넘어'는 행동이라고 생각하면 쉽겠죠?

맞추다 vs 맞히다

○ **맞추다**

뜻① 서로 떨어져 있는 부분을 제자리에 맞게 대어 붙이다.
뜻② 둘 이상의 일정한 대상들을 나란히 놓고 비교하여 살피다.
(예문) 퍼즐을 다 맞추는 데 세 시간이나 걸렸다.

○ **맞히다**

뜻 문제에 대한 답을 틀리지 않게 하다.('맞다'의 사동사)
(예문) 퀴즈 프로그램에 나온 문제를 내가 다 맞혔어.

"으아, 드디어 끝났다!"

시험이 끝나고 쉬는 시간이 되자 아이들은 반에서 공부를 제일 잘하는 민서 주변으로 몰려갔어요. 그러고는 서로 답을 맞춰 보기 바빴지요.

"3번 문제 답이 뭐야?"

"5번이지?"

"아냐, 2번이야!"

소율이도 민서와 답을 맞춰 보았어요. 그런데 열 문제 중 한 문제의 답이 민서와 달랐어요. 소율이는 조금 시무룩해졌어요.

'아마 민서가 맞았을 거야. 나보다 민서가 공부를 잘하니까.'

그렇지만 소율이는 금세 마음을 고쳐먹었어요.

'아냐, 민서가 틀렸을 수도 있지. 그리고 난 최선을 다했으니까 틀려도 괜찮아.'

잠시 후, 선생님이 들어와서 문제의 답을 불러 주었어요. 그런데 민서와 답이 달랐던 문제는 소율이의 답이 맞았어요!

"와, 내가 맞혔다!"

소율이는 시험지를 가방에 넣고 부리나케 집으로 갔어요. 시험공부하는 내내 간식을 챙겨 준 엄마에게 얼른 알려 주고 싶어서요.

'맞추다'는 '서로 떨어져 있는 조각을 맞게 붙이다', '어떤 기준에 맞게 만들다', '두 개의 짝을 서로 비교하여 살피다' 등 여러 뜻을 담고 있어요. '맞히다'는 '어떤 문제에 대한 답을 틀리지 않게 답하다', '총알·화살 등을 목표물에 맞게 하다'라는 뜻이에요.

업다 vs 엎다

○ 업다
- 뜻: 사람이나 동물을 등에 대고 손으로 붙잡거나 무엇으로 동여매어 붙어 있게 하다.
- 예문: 소꿉놀이한다며 인형을 등에 업었다.

○ 엎다
- 뜻: 물건 등을 거꾸로 돌려 위가 밑을 향하게 하다.
- 예문: 그릇을 씻어 선반에 엎어 놔라.

한별이는 알뜰히 모은 용돈으로 좋아하는 아이돌 가수의 콘서트 티켓을 예매했어요.

콘서트 날, 엄마 아빠가 한별이를 공연장까지 차로 데려다주었어요. 차 안에서 한별이는 아이돌 가수를 직접 본다는 생각에 몹시 들떠 있었답니다.

"흥분 좀 가라앉혀. 그러다 음료수 쏟을라."

그런데 엄마 말이 끝나기 무섭게 한별이는 손에 들고 있던 음료수를 엎고 말았어요. 보라색 티셔츠에 시커멓게 얼룩이 지자 한별이는 하늘이 무너진 듯한 표정을 지었어요.

엄마는 침착하게 말했어요.

"괜찮아. 도착해서 화장실에서 닦으면 돼."

하지만 길이 너무 막혀서, 공연장에 도착했을 때는 입장 시간이 5분밖에 남아 있지 않았어요.

그러자 엄마가 아빠한테 큰 소리로 외쳤어요.

"여보, 한별이 업고 달려요! 시간 없어요!"

아빠는 한별이를 업고 열심히 뛰었어요. 덕분에 한별이는 공연장에 무사히 들어가 콘서트를 즐겁게 관람했답니다.

'업다'는 남을 등에 태우다, 어떤 힘을 배경으로 삼는다는 뜻이에요. '엎다'는 위아래를 뒤집거나, 부주의로 넘어뜨려 속에 든 것이 쏟아지게 한다는 뜻이지요.

집다 vs 짚다

- 집다
  - 뜻: 손가락이나 기구로 물건을 잡아서 들다.
  - 예문: 땅에 떨어진 물건을 얼른 집었어.

- 짚다
  - 뜻: 바닥이나 벽, 지팡이 등에 몸을 의지하다.
  - 예문: 다리에 쥐가 나 벽을 짚고 천천히 일어났다.

영진이네 가족은 주말마다 플로깅을 해요. '플로깅'이란 가볍게 달리면서 쓰레기를 줍는 운동이에요. 영진이와 엄마 아빠는 각자 집게와 봉투를 들고 뒷산으로 향했어요.

　'와, 쓰레기가 이렇게 많다니······.'

　영진이가 집게로 열심히 쓰레기를 집어 올리자, 지팡이를 짚으며 천천히 지나가던 어르신들이 칭찬해 주었어요.

　"아유, 착하기도 해라!"

　한참을 올라가자 영진이가 제일 좋아하는 친구 민정이가 가족과 벤치에 앉아 있었어요. 알고 보니 민정이네 가족도 플로깅을 한대요.

　"영진아, 과일 좀 먹을래?"

　영진이가 양손에 집게와 봉투를 들고 있는 걸 보고 민정이는 과일을 집어 영진이 입에 넣어 주었어요. 영진이는 부끄러워 얼굴이 달아올랐어요. 그러자 아무것도 모르는 엄마가 다가와 영진이 이마를 짚으며 물었어요.

　"영진아, 얼굴이 왜 그래? 어디 아프니?"

　영진이는 플로깅을 꾸준히 해야겠다고 생각했어요. 그러면 주말마다 민정이를 만날 수 있을 테니까요.

　'집다'는 손가락이나 집게 같은 도구 등으로 물건을 잡아서 드는 행동을 말해요. '짚다'는 벽이나 지팡이 등에 몸을 의지하는 행동을 말한답니다. '핵심을 짚다'처럼 여럿 중에 하나를 꼭 집어 가리킨다는 뜻으로도 사용해요.

발음이 비슷한 단어 더 알아보기

단어	뜻과 예문
다리다	옷의 주름을 펴다. ㉠ 다리미로 옷을 다리다.
달이다	액체를 끓여서 진하게 만들다. ㉠ 약을 달이다.
드러내다	보이지 않던 것을 보이게 하다. ㉠ 범인이 정체를 드러내다.
들어내다	물건을 들어서 밖으로 옮기다. ㉠ 짐을 밖으로 들어내다.
봉오리	망울만 맺히고 아직 피지 않은 꽃. ㉠ 꽃봉오리가 맺히다.
봉우리	산에서 뾰족하게 높이 솟은 부분. ㉠ 산봉우리에 오르다.
붇다	물에 젖어서 부피가 커지다. ㉠ 라면이 붇다.
붓다	액체나 가루를 다른 곳에 담다. ㉠ 주전자에 물을 붓다.
잇다	두 끝을 맞대어 붙이다. ㉠ 끊어진 실을 잇다.
잊다	한번 알았던 것을 기억하지 못하다. ㉠ 약속을 잊다.

퀴즈로 복습하기

★ 다음 문장을 읽고 맞는 단어에 동그라미 하세요.

① 선생님이 시계를 [가리키며] [가르치며] 지각이라고 말씀하셨다.

② 약을 먹었더니 감기가 금방 [나았어] [낳았어].

③ 창 [너머] [넘어] 로 해 지는 광경을 보고 있어.

④ 늦게 도착하는 바람에 공연장 문이 [닫혔어] [닿혔어].

⑤ 어찌나 내 칭찬을 [하던지] [하든지] 조금 부끄럽더라.

⑥ 친구 [로서] [로써] 정성껏 선물을 준비했어.

⑦ 퀴즈를 [맞추는] [맞히는] 사람에게 상품을 줄게.

⑧ 의자가 너무 [작아서] [적어서] 엉덩이가 끼었어.

⑨ 내 [바람] [바램] 은 커서 가수가 되는 거야.

⑩ 다음에는 [반드시] [반듯이] 상을 타고 말겠어.

① 가리키며 ② 나았어 ③ 너머 ④ 닫혔어 ⑤ 하던지
⑥ 로서 ⑦ 맞히는 ⑧ 작아서 ⑨ 바람 ⑩ 반드시

3장 봐도 봐도 어려운 받침이 헷갈리는 맞춤법

까닭 vs 까닥

- 까닭 ⭕ 까닥 ❌

(뜻) 일이 생기게 된 원인이나 조건.
(예문) 좋아하는 아이 앞에서는 까닭 없이 당황하게 된다.
비슷한 맞춤법: 흙 ⭕ 흑 ❌

"제발 내일 새벽에 맑은 하늘을 볼 수 있게 해 주세요."

샛별이는 간절히 기도했어요. 샛별이가 이렇게 기도한 까닭은 새벽에 가족과 함께 천문대에 가서 별을 보기로 했기 때문이에요. 샛별이라는 이름도 별을 좋아하는 엄마와 아빠가 지어 주신 거예요.

샛별이는 마음이 설렜어요. 자기 이름과 같은 별을 처음 보러 가는 거니까요.

"오늘은 하늘이 아주 맑아서 별이 잘 보이겠네요."

샛별이는 안내에 따라 천체 망원경으로 샛별을 보며 인사했어요.

"안녕, 샛별아!"

다 보고 나서 아빠가 샛별이에게 물었어요.

"샛별아, 아침에 보이는 금성은 '샛별', 저녁에 보이는 금성은 '개밥바라기'라고 한단다. 왜 개밥바라기라고 하는지 아니?"

샛별이는 이름을 왜 다르게 부르는지 까닭을 몰라 고개를 갸웃했어요. 그러자 엄마가 대답해 주었어요.

"개밥바라기란 개의 밥그릇이라는 뜻이야. 개가 저녁밥을 달라고 짖을 무렵에 뜬다고 해서 붙인 별칭이란다. 재미있지?"

그 말을 듣고 샛별이는 속으로 다짐했어요.

'나중에 크면 천문학자가 돼야지. 별의 세계는 정말 재미있어.'

'까닭'은 일이 생기게 된 원인이나 조건을 말해요. '까닭'처럼 받침이 두 개인 말은 그중 하나의 받침으로 소리가 나요. 그래서 '까닭'도 발음은 '까닥'이지만, 쓸 때는 맞춤법에 따라 '까닭'으로 써야 해요.

곯아떨어지다 vs 골아떨어지다

- 곯아떨어지다 ⭕ 골아떨어지다 ❌
- (뜻) 몹시 곤하거나 술에 취하여 정신을 잃고 자다.
- (예문) 숙제하다가 졸음을 이기지 못하고 잠에 곯아떨어졌어.

아랑이네 가족은 태어난 지 한 달도 안 된 강아지 별이를 새 식구로 맞이했어요. 예전부터 강아지를 키우고 싶어 했던 아랑이는 별이와 놀 생각에 정말 신이 났어요.

그런데 별이는 잠을 많이 잤어요. 잠깐 깨어나 우유를 먹고 다시 잠들기를 반복했지요.

"별이가 또 곯아떨어졌네. 잠꾸러기야, 눈 좀 떠 봐."

"어린 강아지는 쑥쑥 크느라고 잠을 많이 잔단다. 별이가 잘 자고 잘 먹으면 금방 자라서 너랑 재미있게 놀아 줄 거야."

엄마는 이렇게 말했지만 아랑이는 별이와 얼른 놀고 싶었지요.

그러던 어느 날, 아랑이가 학교에 다녀와 별이를 불렀는데 아무 기척이 없었어요.

"별이야, 별이야! 어디 있니?"

아무리 불러도 별이가 나타나지 않자 아랑이는 엄마 아빠와 함께 별이를 찾아 온 집 안을 뒤졌어요.

"아랑아, 별이 여기 있다!"

안방에서 아빠가 외쳤어요. 아랑이가 후딱 달려가 보니 별이가 옷장 안에서 곯아떨어져 있는 게 아니겠어요?

"여기서 자고 있었구나! 정말 걱정했잖아."

아랑이는 곤히 자는 별이를 가만가만 쓰다듬어 주었어요.

'곯아떨어지다'는 몹시 피곤해서 정신을 잃고 잔다는 말이에요. 흔히 '코를 골다'라는 표현이 익숙해 '골아떨어지다'라고 잘못 쓰는 경우가 많은데, 이는 맞춤법에 어긋나요.

괜찮다 vs 괜찬다

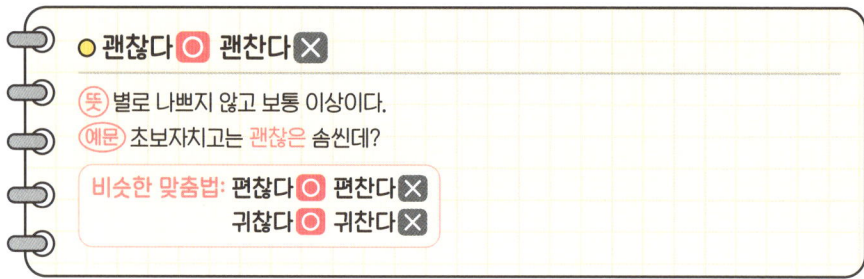

- 괜찮다 ⭕ 괜찬다 ❌
- 뜻: 별로 나쁘지 않고 보통 이상이다.
- 예문: 초보자치고는 괜찮은 솜씨인데?
- 비슷한 맞춤법: 편찮다 ⭕ 편찬다 ❌
  귀찮다 ⭕ 귀찬다 ❌

점심시간이었어요. 아람이가 심각한 얼굴로 선생님한테 갔어요.

"선생님, 큰일 났어요. 경아가 지원이 안경을 밟아서 안경테가 부러졌어요!"

선생님은 얼른 교실로 달려갔어요. 지원이는 깨진 안경을 든 채 울고 있고, 경아는 안절부절못하며 지원이 옆에 서 있었어요.

"얘들아, 괜찮아? 어디 다친 데는 없어?"

"네, 다친 데는 없는데, 지원이 안경테가 부러졌어요. 제가 안경 떨어진 걸 못 보고 밟았어요."

경아는 잔뜩 풀이 죽어 있었어요. 선생님은 두 친구를 토닥여 주었어요.

"괜찮아. 이건 어쩔 수 없이 일어난 일이라 누구 잘못은 아닌 것 같구나. 부모님께는 선생님이 잘 말씀드릴게."

하지만 선생님은 서먹해진 아이들 사이를 어떻게 다시 좋아지게 할지 몹시 신경이 쓰였어요.

그런데 이튿날, 지원이가 밝은 얼굴로 와서 말했어요.

"선생님, 엄마가 그러잖아도 안경테가 오래됐다며 제 마음에 드는 걸로 바꿔 주셨어요. 이 안경테, 정말 괜찮지 않아요?"

지원이와 경아 사이도 다시 괜찮아진 것 같았어요. 선생님은 안도의 한숨을 내쉬었답니다.

'괜찮다'는 '별로 나쁘지 않고 보통 이상이다', '걱정되거나 문제 될 것이 없다'라는 뜻이에요. '괜찬다', '갠찬다' 등은 모두 맞춤법에 어긋나니 쓰지 않도록 해요.

몫 vs 목

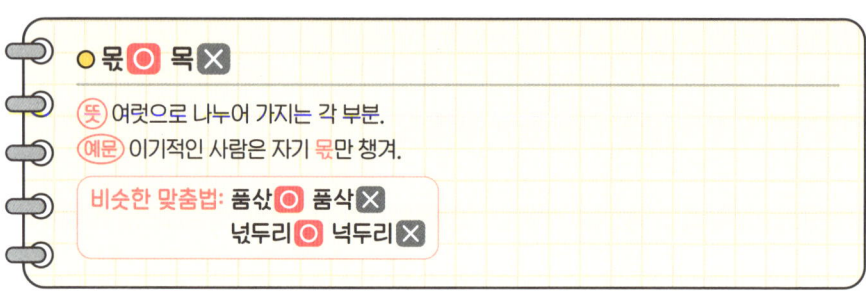

신혜와 신지는 단짝이에요. 둘은 책을 좋아해서 학교 도서관에 자주 가요. 금요일 오후가 되면 늘 도서관에 가서 책 정리하는 일도 돕는답니다.

그런데 오늘은 어쩐 일인지 신지 혼자 도서관에 갔어요. 신지는 사서 선생님에게 인사하고는 이렇게 말했어요.

"선생님, 오늘은 신혜 몫까지 제가 두 배로 할게요. 신혜가 열이 많이 나서 조퇴했거든요."

"괜찮아. 신지가 두 사람 몫까지 하려고 애쓰지 않아도 된단다. 그나저나 신혜가 얼른 나으면 좋겠구나."

신지는 사서 선생님과 함께 열심히 책을 정리했어요. 책 정리가 끝나자 선생님이 음료수를 건네며 말했어요.

"신지야, 이거 신혜 갖다줄래?"

"어, 이거 신혜가 좋아하는 음료수예요."

"잘됐다. 오늘 급식 시간에 선생님 몫으로 받은 건데, 마침 먹지 않고 갖고 있었단다."

그날 저녁, 사서 선생님은 신혜한테서 문자 메시지를 받았어요.

선생님, 전해 주신 음료수 먹고 다 나았어요. 고맙습니다! ^^

'몫'은 여럿으로 나누어 가지는 각 부분을 말해요. 나눗셈에서 나누어 떨어지는 수나 어떤 일에 이바지하는 것을 뜻하기도 하지요.

'한몫하다'라는 표현도 많이 쓰는데, 이 말은 한 사람으로서 맡은 역할을 충분히 한다는 뜻이에요.

싫증 vs 실증

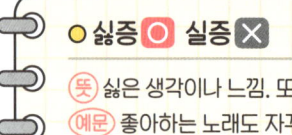
- 싫증 ⭕ 실증 ❌
  - (뜻) 싫은 생각이나 느낌. 또는 그런 반응.
  - (예문) 좋아하는 노래도 자꾸 들으니까 싫증이 난다.
  - 비슷한 맞춤법: 끓어오르다 ⭕ 끌어오르다 ❌
    속앓이 ⭕ 속알이 ❌

민서는 이모가 집에 찾아오자 매우 반가웠어요. 마침 엄마한테 엄청 혼나고 있었거든요.

"아니, 우리 민서가 왜 혼나?"

민서는 이모한테 간절한 눈빛으로 도와 달라는 신호를 보냈어요. 엄마는 여전히 화가 풀리지 않는지 씩씩거렸어요.

"민서 때문에 못 살겠어. 툭하면 학원을 빼먹지 뭐야. 끈기도 없고 어찌나 싫증을 잘 내는지 몰라. 피아노, 미술, 코딩……. 뭐 하나 꾸준히 배우는 게 없어."

이모는 민서 편을 들어 주었어요.

"그럴 수도 있지. 적성에 맞지 않으면 싫증이 나고, 싫증 나니까 학원도 빼먹고 그러는 거야. 언니는 어릴 때 더했잖아. 별의별 학원 다 다녔지만 한 달도 채우지 못하고 맨날 싫증 난다고 했던 거 기억 안 나?"

이모 말에 민서와 엄마는 피식 웃고 말았어요.

이모가 사 온 아이스크림을 나눠 먹으며 엄마와 민서의 마음은 사르르 녹아내렸어요. 엄마는 민서를 보며 이렇게 말했어요.

"싫증을 잘 내면서도 늘 무언가 하고 싶은 게 많다는 건 호기심이 많다는 뜻이겠지? 우리 딸, 다음에는 또 뭘 배우고 싶다고 할지 궁금한걸?"

'싫증'은 싫은 생각이나 느낌 또는 그러한 반응을 말해요. '싫다'의 '싫'이 들어간 말이지요. 주로 '싫증을 내다', '싫증 나다'로 쓰여요. '실증'은 틀린 표현이니 꼭 기억하세요.

옮다 vs 옴다

- **옮다 ⭕ 옴다 ❌**
  - 뜻) 병 따위가 다른 이에게 전염되거나 다른 이에게서 전염되다.
  - 예문) 친구 병문안을 갔던 병원에서 감기가 옮은 것 같아.

"산이야, 몸은 좀 어떠니?"

"아직 머리가 너무 아파요. 기침도 계속 나오고요."

산이가 독감에 걸렸어요. 독감에 걸린 학교 친구들이 많아서 주의했는데도 독감이 옮은 거예요.

"마스크도 쓰고 손도 꼼꼼히 씻었는데 왜 옮았는지 모르겠어요."

"마스크가 모든 병균을 막아 주진 못할 거야. 얼른 낫도록 하자."

엄마는 밤낮으로 산이를 간호해 주었어요. 사나흘쯤 지나자 산이는 몸 상태가 점점 좋아졌어요. 일주일이 지난 뒤에는 다시 학교에 갈 수 있었어요.

"아니, 왜 이렇게 기침이 나오고 머리가 아프지……?"

그런데 이를 어쩌나요? 이제는 엄마가 아팠어요. 산이가 독감에 걸렸을 때와 증상이 똑같은 것을 보니 산이를 보살피다가 독감이 옮은 게 분명해요.

"엄마, 이제 제가 엄마를 간호할게요. 저는 독감 면역력이 생겨서 괜찮을 거예요."

엄마가 산이를 간호해 준 것처럼 산이도 엄마를 정성껏 간호해 드렸답니다.

'옮다'는 어떤 병이 전염된다는 뜻이에요. 발음은 '옴따'라고 하지만 '옮다'라고 쓰는 걸 꼭 기억하세요.

깎다 vs 깍다

- 깎다 ⭕ 깍다 ❌
- 뜻) 칼 따위로 물건의 거죽이나 표면을 얇게 벗겨 내다.
- 예문) 너 연필을 칼로 깎을 줄 아는구나?
- 비슷한 맞춤법: 꺾다 ⭕ 꺽다 ❌

진우 아빠는 소문난 짠돌이예요. 시장에 가면 채솟값을 깎기도 하고, 인터넷 쇼핑으로 최저가를 찾아내는 데도 선수이지요.

어느 날, 진우와 아빠는 새로 개업한 이발소에 가기로 했어요.

"새 이발소에서 머리를 깎아 보자."

이발소에 가서 먼저 진우가 의자에 앉았어요. 이발사 아저씨 솜씨가 어찌나 좋은지, 진우가 원한 번개맨 스타일로 뚝딱 깎아 주었죠.

다음은 아빠 차례였어요. 아빠 머리카락을 요리조리 쓸어 넘기는 이발사 아저씨에게 아빠가 능청맞게 말했어요.

"저는 머리숱이 다른 사람보다 적으니까 요금 좀 깎아 주시면 안 될까요?"

그러자 이발사 아저씨가 웃음을 터뜨리며 대답했어요.

"머리숱이 적으면 손질하기가 더 어려운 법이랍니다. 이발이 끝나면 아마 그 말이 쏙 들어갈걸요?"

이발사 아저씨는 마치 얼음을 깎아 멋진 작품을 만드는 조각가처럼 아빠 머리를 손질했어요.

이발이 끝나자 진우는 입을 쩍 벌렸어요. 아빠가 아주 멋있게 변신했지 뭐예요. 아빠도 마음에 들었는지 더는 요금을 깎으려 하지 않았답니다.

'깎다'는 칼 같은 것으로 물건의 표면을 얇게 벗겨 내거나 잘라 내는 걸 말하는데, '물건값을 깎다(금액을 낮추어 줄이다)', '체면을 깎다(체면을 상하게 하다)' 같은 표현도 써요. '깍다'는 사전에 없는 단어이니 주의하세요.

썩다 vs 썪다

- 썩다 ⭕ 썪다 ❌

뜻① 물건이나 음식이 나쁜 냄새가 나고 형체가 뭉개지는 상태가 된다.
예문 음식이 썩지 않게 냉장고에 넣어 두자.

뜻② 걱정이나 근심 등으로 마음이 몹시 괴로운 상태가 된다.
예문 시험 결과가 나쁠까 봐 속이 푹푹 썩었다.

호기심 박사 지오는 궁금한 것이 무척 많아요. 무엇이든 자기가 직접 해 보거나 만져 봐야 직성이 풀리지요. 그래서 벌집을 건드려 벌에 쏘인 적도 있고, 오래되어 썩은 것처럼 보이는 빵을 덥석 먹어 배탈이 난 적도 있어요.

　그럴 때마다 엄마는 이렇게 말했어요.

　"네가 다치면 엄마가 속상해. 제발 엄마 속 좀 그만 썩여."

　그러나 아무리 타일러도 소용이 없었어요.

　지오는 오늘 집에 돌아오다가 수풀 속에서 오솔길을 발견했어요.

　"엇, 새로운 길 발견!"

　바닥에 깔린 나무판자를 건너면 새로운 길로 들어설 것 같았어요.

　그런데 지오가 나무판자를 밟는 순간, 우지끈 하는 소리가 났어요. 나무판자가 아주 오래되어 썩었던 거예요. 하필이면 그 밑에 큰 구덩이가 파여 있었는데, 그대로 구덩이에 떨어진 지오는 정신을 잃고 말았어요.

　시간이 얼마나 흘렀을까요? 정신을 차려 보니 지오는 병원 침대에 누워 있었어요. 옆에서는 엄마가 울고 있었고요.

　"엄마, 이제 엄마 속 그만 썩일게요. 울지 마세요."

　지오는 이제 좀 더 조심하기로 결심했어요.

　'썩다'는 음식이 상하거나 어떤 것이 곰팡이나 병균 때문에 상하는 것을 뜻해요. 걱정 때문에 마음이 몹시 괴로운 상태일 때도 쓰지요. 옛날에는 '석다'라고 썼는데, 점점 된소리로 발음되면서 '썩다'로 바뀌었답니다. 받침은 옛날이나 지금이나 'ㄱ'이라는 점을 잘 기억해 두세요.

넓적하다 vs 넙적하다

- 넓적하다 ⭕ 넙적하다 ❌
- 뜻) 펀펀하고 얇으면서 꽤 넓다.
- 예문) 넓적하고 두툼한 아빠의 손이 참 좋다.
- 헷갈리는 맞춤법: 널찍하다 ⭕ 넓직하다 ❌

태오는 얼마 전 미술 시간에 색종이로 딱지 접는 법을 배웠어요. 직접 만든 딱지로 친구들과 딱지치기를 하니 더 재미있는 듯했어요.

태오가 접은 넓적한 왕딱지는 천하무적이었어요. 지금까지 태오의 왕딱지를 뒤집은 딱지는 없었답니다.

그런데 어느 날, 세형이가 문방구에서 튼튼한 딱지를 사 와 태오의 왕딱지를 힘차게 내려쳤어요. 그러자 여태 꿈쩍도 하지 않던 왕딱지가 홀라당 뒤집혀 버렸어요.

'이럴 수가……!'

태오는 집에 오자마자 울음을 터뜨리고 말았지요.

"엄마, 내가 제일 좋아하는 딱지를 잃었어!"

엄마는 태오의 머리를 쓰다듬으며 위로했어요.

"태오야, 엄마가 더 강력한 왕딱지를 만들어 줄게."

"정말?"

태오는 울음을 그치고 엄마랑 넓적하고 단단한 왕딱지를 만들었어요. 엄마는 넓적한 주걱으로 딱지를 눌러 더 빳빳하게 만들었어요.

"와, 이런 방법은 어떻게 알았어?"

"엄마가 어릴 때 딱지 대장이었거든!"

태오는 내일 반드시 왕딱지를 되찾아 오리라 다짐하며 웃었어요.

'넓적하다'는 '넓다'에서 변형된 말로, 물건의 표면이 높낮이가 없이 매우 평평하고 얇으면서 꽤 넓다는 뜻이에요. 발음할 때는 '넙쩌카다'로 읽지만, 적을 때는 '넓다'의 의미가 드러나게끔 '넓적하다'로 표기해야 한답니다.

어떡해 vs 어떻해

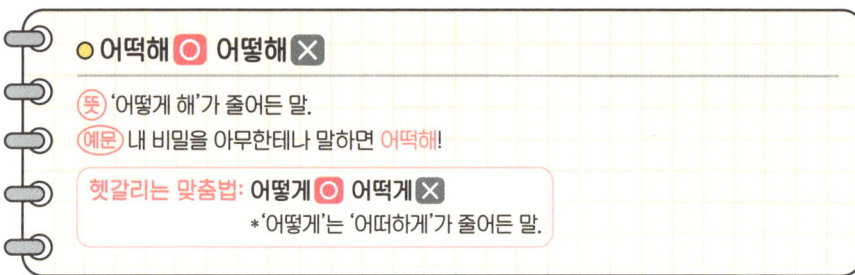

- 어떡해 O 어떻해 X

뜻: '어떻게 해'가 줄어든 말.
예문: 내 비밀을 아무한테나 말하면 어떡해!

헷갈리는 맞춤법: 어떻게 O 어떡게 X
  * '어떻게'는 '어떠하게'가 줄어든 말.

'어떡해.'

찬영이는 수업 도중 식은땀이 줄줄 흘렀어요. 갑자기 배가 살살 아프더니 똥이 마려웠거든요. 찬영이는 있는 힘을 다해 꾹 참았어요.

'어쩌지? 선생님한테 그냥 아프다고 할까?'

고민하던 찬영이는 배를 움켜잡고 아픈 척했어요.

"어떡해! 선생님, 찬영이가 아픈가 봐요."

다행히 짝꿍 선아 덕분에 일이 쉽게 풀렸어요. 선생님은 엄마에게 전화해서 찬영이를 얼른 병원에 데려가 보는 게 좋겠다고 했어요. 찬영이는 고개를 저으며 간신히 말했어요.

"집에는 혼자 갈 수 있어요."

찬영이는 무슨 정신으로 집까지 왔는지 기억이 나지 않아요. 번개처럼 빠르게 후닥닥 화장실로 들어간 기억만 어렴풋할 뿐이에요. 찬영이는 비로소 하늘을 날 것 같았어요.

그때 선아에게서 문자 메시지가 왔어요.

찬영아, 괜찮아?

사정을 들은 엄마는 짓궂은 표정으로 말했어요.

"우리 찬영이 똥 눈 얘기를 선아한테 해 주고 싶은데 어떡하지?"

"절대 안 돼요!!"

'어떡해'는 '어떻게 해'의 준말이에요. '어떻해'는 없는 말이랍니다. 문장 끝에는 무조건 '어떡해'만 온다고 기억해 두면 돼요.

짓궂다 vs 짖궂다

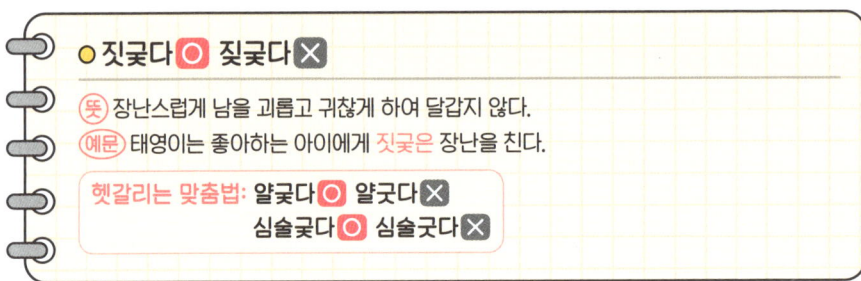

- 짓궂다 O 짖궂다 X
  - (뜻) 장난스럽게 남을 괴롭고 귀찮게 하여 달갑지 않다.
  - (예문) 태영이는 좋아하는 아이에게 짓궂은 장난을 친다.
  - 헷갈리는 맞춤법: 얄궂다 O 얄굿다 X
    심술궂다 O 심술굿다 X

지아와 지웅이는 남매예요. 지아는 3학년, 지웅이는 6학년이지요. 지아는 오빠가 얄미워요. 짓궂은 장난을 많이 해서 지아를 울릴 때가 한두 번이 아니거든요.

어느 날, 지웅이는 엄마와 지아가 나누는 이야기를 우연히 듣게 됐어요.

"우리 지아는 동현이 오빠를 좋아하는구나?"

"응. 오빠 친구들 중에서 동현이 오빠가 제일 멋있어."

지웅이는 속으로 생각했어요.

'어쩐지……. 동현이가 놀러 오면 갑자기 얌전한 척하더라니. 다음에 동현이가 오면 지아를 놀려 먹어야지, 히히.'

며칠 뒤, 동현이가 지웅이네 집에 놀러 왔어요. 지아는 긴장해서 그런지 배가 살살 아파 얼른 화장실로 들어갔어요.

지웅이는 이때다 싶어 화장실 앞에서 짓궂게 큰 소리로 말했어요.

"유지아, 똥 싸냐? 으, 냄새!"

지아는 화장실 안에서 부글부글 속이 끓었지요. 그때 동현이 오빠가 부드럽게 말하는 소리가 들렸어요.

"지웅아, 너 왜 그렇게 짓궂어? 아무 냄새도 안 나는데. 지아야, 우리 슈퍼마켓 가서 네가 좋아하는 아이스크림 사 올게."

지아는 그사이에 화장실에서 나왔어요. 자기편을 들어 주며 슬그머니 자리를 비켜 준 동현이 오빠가 더 멋있게 느껴졌지요.

'짓궂다'는 장난스럽게 남을 괴롭고 귀찮게 하여 좋지 않다는 뜻이에요. '짓궃다', '짓굿다', '짓굳다', '짖궂다', '짖굳다' 등 받침을 틀리는 경우가 많으니, 받침을 정확하게 기억해서 쓰도록 해요.

틀리기 쉬운 준말

단어의 일부분이 줄어든 말인 '준말'은 원래 형태를 모르면 잘못 쓰기 쉬워요. 본래의 말과 그 말이 줄어드는 과정을 잘 보고 익혀 두세요. 어느 것이 맞는지 판단하기가 어려울 때는 그 말을 다시 풀어서 써 보면 돼요.

원형	본말	준말	예문
쇠다	쇠어	쇄	명절 잘 쇠라. ❌ 명절 잘 쇄라. ⭕
되다	되어	돼	너무 오래되서 ❌ 너무 오래돼서 ⭕
뵈다	뵈어	봬	이따 뵈요. ❌ 이따 봬요. ⭕
쐬다	쐬어	쐐	바람을 쐿어요. ❌ 바람을 쐤어요. ⭕
죄다	죄어	좨	나사를 꽉 죄야지. ❌ 나사를 꽉 좨야지. ⭕
쬐다	쬐어	쫴	볕을 많이 쬣다. ❌ 볕을 많이 쫬다. ⭕

퀴즈로 복습하기

⭐ **다음 문장을 읽고 맞는 단어에 동그라미 하세요.**

① 과일을 어쩜 이렇게 예쁘게 깍았니 / 깎았니 !

② 아니 땐 굴뚝에 연기가 나는 까닥 / 까닭 은 뭘까?

③ 오빠가 온종일 축구를 하더니 끓아떨어졌어 / 골아떨어졌어 .

④ 아까 다친 데는 괜찬아 / 괜찮아 ?

⑤ 크고 넓적한 / 넙적한 쟁반 좀 갖고 오겠니?

⑥ 이 게임은 이제 실증 / 싫증 났어.

⑦ 피자 배달 오면 내 목 / 몫 은 따로 남겨 줘.

⑧ 난 짓궂은 / 짖궂은 사람보다 다정한 사람이 좋아.

⑨ 사총사 중에 나만 다른 반이 됐어. 어떡해 / 어떻해 ?

⑩ 눈병이 옮지 / 옴지 않게 손을 잘 씻어라.

① 깎았니 ② 까닭 ③ 골아떨어졌어 ④ 괜찮아 ⑤ 넓적한
⑥ 싫증 ⑦ 몫 ⑧ 짓궂은 ⑨ 어떡해 ⑩ 옮지

4장 둘 다 맞는 맞춤법

자장면 vs 짜장면

- 자장면 ⭕ 짜장면 ⭕
- 뜻) 고기와 채소를 넣어 볶은 중국 된장에 국수를 비벼 먹는 음식.
- 예문) 이사하는 날에는 자장면/짜장면을 먹어야 해.
- 비슷한 맞춤법: 소고기 ⭕ 쇠고기 ⭕

"졸업식 날에는 당연히 중국집이지!"

지용이가 초등학교를 졸업하는 날, 가족끼리 중국집에 갔어요.

"엄마 아빠 어릴 때도 졸업식이 끝나면 늘 자장면을 먹었단다."

아빠는 지용이가 독서왕 상을 받아 자랑스러운지 자리에 앉자마자 큰 소리로 말했어요.

"아빠는 우리 아들이 독서왕이 되어 정말 기뻐. 뭐니 뭐니 해도 책 많이 읽는 게 최고거든!"

잠시 뒤에 종업원이 오자 아빠는 으스대며 주문했어요.

"음, 짜장면 세 그릇이랑 탕수육 하나요! 아, 오늘 독서왕 상을 받은 우리 아들은 특별히 곱빼기로 주세요!"

탕수육이 나오자 아빠는 또 이렇게 말했어요.

"탕수육은 우리 독서왕 아들 앞에 놔 주세요."

"아빠, 제발 좀!"

지용이와 엄마는 못 말리겠다며 크게 웃었어요.

우리나라 사람들이 가장 많이 먹는 중국요리는 바로 자장면이라고 해요. 1986년에 외래어 표기법을 만들 때는 '자장면'만 표준어로 정했어요. 그런데 2009년에 한 방송사에서 설문 조사를 했더니, 91퍼센트나 되는 사람이 '자장면'을 '짜장면'이라고 발음한다는 결과가 나왔어요. 그래서 2011년에 국립국어원에서는 두 단어를 모두 표준어로 인정했답니다.

가엽다 vs 가엾다

- 가엽다 ⭕ 가엾다 ⭕

(뜻) 마음이 아플 만큼 안되고 처연하다.
(예문) 어린 나이에 부모를 잃다니 참 가여운/가엾은 아이구나.

비슷한 맞춤법: 서럽다 ⭕ 섧다 ⭕

상희는 사촌인 상아 언니가 부러워요. 얼마 전부터 상아 언니가 집에서 토끼를 키우거든요. 상희도 토끼를 키우고 싶었지만 엄마가 절대 안 된다고 했어요.

"상아 언니네는 키우잖아요."

"토끼를 아파트에서 키우는 건 무리야."

얼마 뒤, 상희는 상아 언니를 만나 토끼의 안부를 물었어요. 언니는 우울한 표정으로 말했어요.

"가여운 우리 토리……."

"토리한테 무슨 일 생겼어?"

상아 언니는 거의 울 듯한 얼굴로 말을 이었어요.

"토리는 시골로 갔어."

"어머나, 왜?"

"토끼는 정말 순식간에 자라더라. 하도 크게 자라서 케이지에만 가둬 둘 수가 없기에 문을 열어 뒀지. 그랬더니 토리가 벽지며 내 문제집을 다 뜯어 먹었어."

상희는 깜짝 놀랐어요. 토끼가 얼마나 스트레스를 받았으면 종이를 먹었을까요? 상희는 좁은 케이지 안에만 있던 토리가 가엾게 느껴졌어요. 그렇지만 이제 시골에서 깡충깡충 행복하게 뛰어다닐 토리를 상상하니 마음이 한결 가벼워졌지요.

'가엽다', '가엾다'는 '마음이 아플 만큼 안되고 불쌍하다'는 뜻으로, 둘 다 맞는 표현이에요. 따라서 '토끼가 가엾어.'로 써도 되고, '토끼가 가여워.'로 써도 된답니다.

간질이다 vs 간지럽히다

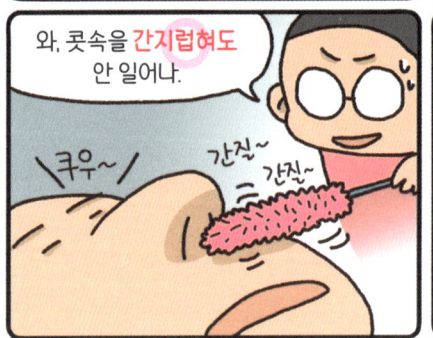

- 간질이다 ⭕ 간지럽히다 ⭕

(뜻) 살갗을 문지르거나 건드려 간지럽게 하다.
(예문) 나는 옆구리를 간질이면/간지럽히면 재채기가 나온다.

비슷한 맞춤법: 까탈스럽다 ⭕ 까다롭다 ⭕

"이번엔 잘 참아 봐."

"으으으……. 으하하학!"

지호는 요즘 아빠와 함께 간지럼 참기 연습을 하고 있어요. 지호가 간지럼을 잘 탄다는 걸 알고 친구들이 틈만 나면 지호를 간지럽히거든요.

지호는 간지럼을 타지 않는 준성이가 부러웠어요. 준성이는 친구들이 아무리 간질여도 꿈적을 하지 않아요. 그래서 지호는 준성이에게 비결을 물어봤어요.

"마음속으로 간지럽지 않다고 계속 생각하면 정말 안 간지러워. 한번 해 봐."

지호는 다음에 친구들이 또 간지럽히면 꼭 이 방법을 써야겠다고 생각했어요.

다음 날, 친구들이 또 지호를 간질였어요. 지호는 간지럼을 꾹 참으며 마음속으로 되뇌었죠.

'안 간지럽다……. 안 간지럽다…….'

그러나 10초쯤 지났을 때, 지호는 이번에도 항복하고 말았어요.

"얘들아, 그만! 너무 간지러워!"

지호는 과연 언제쯤 간지럼을 참을 수 있게 될까요?

'간질이다', '간지럽히다'는 살갗을 문지르거나 건드려 몸이 움츠러들게 한다는 말이에요. 예전에는 '간질이다'만 표준어였는데, 2011년에 '간지럽히다'도 표준어로 인정해 둘 다 쓰고 있어요. 그러나 '간지르다', '간지러피다'는 틀린 말이에요.

떨어뜨리다 vs 떨어트리다

- ● 떨어뜨리다 ⭕ 떨어트리다 ⭕

뜻① 위에 있던 것을 아래로 내려가게 하다.
예문 수저를 바닥에 떨어뜨렸어/떨어트렸어.

뜻② 무엇과 거리가 벌어지게 하다.
예문 아빠는 나를 불에서 멀리 떨어뜨려/떨어트려 놓았다.

비슷한 맞춤법: 빠뜨리다 ⭕ 빠트리다 ⭕

"어떡해, 어떡해."

민재는 머릿속이 하얘지고 말았어요. 거실에서 공을 갖고 놀다 그만 컵을 깨고 말았거든요. 엄마가 해외여행 갔다가 기념품으로 사서 소중히 여기는 컵이었죠.

'엄마가 엄청 화낼 텐데 뭐라고 하지? 엄마 도와주려고 설거지하다가 떨어트렸다고 할까?'

민재는 마땅한 핑곗거리가 생각나지 않아 발을 동동 굴렀어요.

그때 강아지 차우와 고양이 밍키가 서로 으르렁대며 싸웠어요. 둘은 사이좋게 지내다가도 하루에 한 번씩은 꼭 싸운답니다. 민재는 둘을 떨어뜨려 놓으며 소리쳤어요.

"조용히 좀 해! 형 지금 짜증 났어!"

이렇게 말하는 순간, 민재는 멋진 아이디어가 떠올랐어요.

잠시 후, 집에 돌아온 엄마가 깨진 컵을 들고 울상을 짓자 민재는 냉큼 이렇게 말했어요.

"엄마, 차우랑 밍키가 싸움이 붙었는데 밍키가 싱크대로 도망가다가 컵을 떨어트렸어요."

차우와 밍키는 억울한 표정으로 민재를 보며 으르렁댔답니다.

'떨어뜨리다'와 '떨어트리다'에서처럼, '-뜨리다'와 '-트리다'는 복수 표준어여서 두 단어 모두 사용할 수 있어요. '깨뜨리다'와 '깨트리다', '구부러뜨리다'와 '구부러트리다' 모두 맞는 말이지요.

만날 vs 맨날

- 만날 ⭕ 맨날 ⭕
- 뜻) 매일같이 계속해서.
- 예문) 너는 시험이 코앞인데 만날/맨날 놀기만 하니?
- 비슷한 맞춤법: 헷갈리다 ⭕ 헛갈리다 ⭕

"아빠, 혹시 집에서 돈 주운 적 없어요?"

용이가 아빠에게 살그머니 귓속말로 물었어요. 얼마 전에 할머니에게 용돈 만 원을 받아 잘 감춰 두었는데, 아무리 찾아도 보이지 않았거든요.

"분명히 어디 잘 놔뒀는데, 기억이 안 나요."

"의외로 맨날 쓰는 곳에 두었을 확률이 높아. 늘 쓰는 물건이나 자주 드나드는 곳을 샅샅이 뒤져 보자."

먼저 용이 방과 화장실, 신발장 등을 뒤졌어요. 혹시 책 속에 끼워 두었을까 봐 최근에 읽은 책까지 샅샅이 뒤졌고요. 그러나 용돈은 어디에서도 나오지 않았어요. 용이는 점점 울상이 됐지요.

그때 엄마가 말했어요.

"요즘 만날 둘이서 나 빼놓고 뭐 하는 거예요?"

"용이가 방에서 용돈을 잃어버렸대요."

그러자 엄마는 혀를 쯧쯧 차며 지갑에서 만 원을 꺼냈어요.

"전에 엄마한테 맡겨 뒀잖아. 만날 자기 물건 정리 안 하더니, 용돈까지 깜빡하면 어떡하니?"

"아, 맞다!"

용이는 엄마한테 핀잔을 들었지만 용돈을 찾아서 정말 기뻤어요.

'만날'과 '맨날'은 '매일같이 계속해서'라는 뜻이에요. '만날'은 한자 '일만 만(萬)' 자와 '날'이 합쳐진 말이에요. 그만큼 많은 날을 일컫지요. 전에는 이 '만날'만 표준어로 인정했는데, '맨날'을 쓰는 사람들이 많으니까 2010년에 '맨날'도 표준어로 인정했어요.

삐치다 vs 삐지다

- 삐치다 ○ 삐지다 ○

뜻) 성나거나 못마땅해서 마음이 토라지다.
예문) 네 것도 따로 사 줬으니까 이제 삐치지/삐지지 마.

수진이가 엄마와 함께 도서관에 갔다가 집으로 돌아가던 길이었어요. 마침 반대편에서 오던 영지 엄마와 마주쳤어요. 영지 엄마는 수레에 잔뜩 실린 책을 보고 깜짝 놀랐어요.

"세상에, 무슨 책을 이렇게 많이 빌리셨어요?"

"우리 수진이가 책벌레잖아요. 하루 종일 책만 볼 때도 많아요."

"어머, 기특해라. 우리 영지는 손에서 휴대폰을 놓지 않아요. 오늘도 주의를 주었더니 삐쳐서 저랑 말도 안 한답니다."

그런데 영지 엄마와 헤어진 뒤에 수진이는 삐진 사람처럼 뾰로통한 얼굴로 아무 말도 하지 않았지요.

"수진아, 화나는 일 있어? 갑자기 표정이 왜 그래?"

수진이는 엄마 말에 어깨까지 들썩이며 말했어요.

"나 삐졌어! 엄마가 나더러 책벌레라고 했잖아! 벌레라니, 너무해!"

엄마는 어이가 없었어요.

"그건 좋은 말이야. 그만큼 책을 많이 읽는다는 뜻이지."

"그래도 싫어! 벌레는 싫다고! 난 벌레 아니야!"

단단히 삐친 수진이는 그대로 자기 방으로 들어가 버렸어요. 엄마는 고민하다가 조용히 방문을 열고 들어갔어요.

"알았어, 이제 책벌레라고 하지 않을게. 대신 '애독가' 어때? 책 읽는 걸 사랑한다는 뜻이란다. 더 예쁘게 들리지?"

'삐치다'는 성이 나서 마음이 토라지거나 마음에 들지 않는 상태를 뜻해요. 전에는 '삐치다'만 표준어였는데, '삐지다'도 많이 사용하자 2014년에 두 단어를 모두 표준어로 인정했답니다.

네 vs 예

- 네 ⭕ 예 ⭕
- (뜻) 윗사람의 부름에 대답하거나 묻는 말에 긍정하여 대답할 때 쓰는 말.

'다 돼요 미용실'은 동네에서 가장 인기가 없는 미용실이에요. 이 동네의 고민 해결사 미나는 미용실 원장님과 함께 미용실이 인기가 없는 이유를 찾아보기로 했어요.

미나는 원장님 옆에서 미용실을 꼼꼼히 관찰했어요. 그러고는 그 이유를 금세 알아냈지요.

첫 손님은 초등학생이었어요. 그 초등학생은 휴대폰에 저장한 멋진 연예인 사진을 보여 주며 말했어요.

"이 가수 머리처럼 해 주세요."

"네! 해 드릴게요."

원장님은 자신만만하게 말했지만, 학생이 원한 것과 전혀 다른 머리가 됐어요. 학생은 크게 실망하며 미용실을 나갔어요.

두 번째 손님으로는 나이 많은 할아버지가 들어왔어요.

"무조건 젊어 보이게 잘라 줘요."

"예! 알겠습니다. 딱 십 년 젊어 보이게 해 드리죠!"

이번에도 원장님은 힘차게 대답했지만, 이발이 끝나자 할아버지는 오히려 더 나이 들어 보였어요.

미나는 원장님에게 말했어요.

"무조건 다 된다고만 하지 말고, 못하는 건 못한다고 하셔야지요!"

미용실 원장님은 머쓱한지 머리만 긁적였어요.

'네'와 '예'는 윗사람의 부름에 대답하거나 묻는 말에 대답할 때 쓰는 말이에요. '네', '예' 모두 쓸 수 있답니다.

늑장 vs 늦장

- 늑장 ⭕ 늦장 ⭕
- 뜻) 느릿느릿 꾸물거리는 태도.
- 예문) 정부의 늑장/늦장 대처가 가장 큰 문제였다.

민준이는 반에서 알아주는 멋쟁이예요. 옷을 깔끔하게 잘 입어서 인기가 많지요. 대신 외출 준비를 하려면 시간이 정말 많이 걸린답니다.

"흠……. 이게 어울릴까, 아니면 저게 어울릴까?"

옷깃을 세웠다 내렸다, 모자를 썼다 벗었다, 긴바지를 입었다 반바지를 입었다 정신이 없지요.

"김민준, 늑장 좀 그만 부려! 이러다 제시간에 못 가겠어!"

엄마가 현관에서 소리 질렀어요. 공연을 보러 출발해야 할 시간이거든요.

"잠깐만요!"

민준이는 오늘따라 셔츠 색이 마음에 들지 않았어요. 민준이가 좋아하는 셔츠를 엄마가 빨아 놓지 않아서 다른 걸 입게 되어 뾰로통해졌지요.

투덜거리며 현관으로 나오자 엄마가 잔소리를 했어요.

"오늘 입고 싶었으면 네가 미리 빨았어야지. 그나저나 아빠는 화장실만 잠깐 다녀온다더니, 왜 이렇게 늦장을 부려?"

잠시 뒤, 아빠가 허겁지겁 현관으로 나왔어요. 가만 보니 아빠도 옷을 갈아입었지 뭐예요. 엄마는 고개를 절레절레 흔들었어요.

'어휴, 그 아버지에 그 아들이네.'

'늑장'과 '늦장'은 둘 다 맞는 말이에요. 느릿느릿 꾸물거리는 태도를 가리키지요. 보통 '늦장'이 맞고 '늑장'은 틀리다고 생각하는 사람이 많지만 '늑장을 피우다', '늦장을 부리다'처럼 둘 다 쓴답니다.

나침반 vs 나침판

- 나침반 ⭕ 나침판 ⭕

(뜻) 자석으로 된 바늘이 남북을 가리키는 특성을 이용하여 만든 방향 지시 도구.
(예문) 이렇게 깊은 산속에서 나침반/나침판을 잃어버려 큰일이다.

오늘 영진이는 태어나서 처음으로 비행기를 타요.

"앗싸! 나도 비행기 탄다!"

비행기는 활주로를 빠르게 달리다가 순식간에 하늘로 날아올랐어요. 어느새 창밖에는 파란 하늘과 눈처럼 하얀 구름만 보였어요.

"아빠, 비행기는 어떻게 방향을 알고 날아가요?"

영진이가 묻자 아빠가 대답해 주었어요.

"배나 비행기에는 나침반이 설치돼서 어느 방향으로 가고 있는지 정확하게 알 수 있지."

잠시 후, 날아가는 새 떼가 창밖으로 보였어요.

'새들은 나침판도 없는데 어떻게 방향을 알고 날아가는 걸까?'

창밖을 구경하는 동안 비행기는 어느새 제주도에 닿았어요. 제주도에는 아빠의 어릴 적 선생님이 살고 계신대요.

"오늘 뵙는 선생님은 아빠 인생의 나침반 같은 분이란다. 아빠가 길을 잃고 좌절할 때마다 힘을 주신 분이지."

그 말을 듣고 영진이가 힘차게 말했어요.

"그럼 나는 아빠를 나침판으로 삼을래요!"

"그렇게 생각해 주니 고마워, 우리 아들!"

'나침반'은 방향을 알아낼 때 쓰는 도구예요. 예전에는 '나침반'만 표준어였는데, 사람들이 '나침판'도 많이 사용하자 두 단어 모두 표준어로 인정했어요.

넝쿨 vs 덩굴

- 넝쿨 ⭕ 덩굴 ⭕
- 뜻) 길게 뻗어 나가면서 다른 물건을 감기도 하고 땅바닥에 퍼지기도 하는 식물의 줄기.
- 예문) 할머니 집 담장에는 담쟁이넝쿨/덩굴이 가득하다.

옛날부터 전해 내려오는 이야기예요.

어느 왕국에 공주가 태어났어요. 왕과 왕비는 성대한 파티를 열고 여러 요정과 마법사를 초대했어요. 그런데 그중 한 마법사를 깜빡하고 초대하지 않았어요. 마법사는 몹시 화가 나 공주에게 저주를 내렸어요.

"감히 나를 초대하지 않다니! 공주가 열다섯 살이 되면 바늘에 찔려 영원히 잠에 들 것이다!"

왕과 왕비는 공주가 열다섯 살이 될 때까지 조심하고 또 조심했지만, 결국 공주는 열다섯 살에 바늘에 찔리고 말았어요. 공주가 깊은 잠에 들자 거대한 가시덩굴이 자라나 성을 완전히 둘러쌌어요.

100년이 흐른 뒤, 어느 용감한 기사가 길을 지나다 그 성을 보고 마을 사람에게 물었어요.

"저 성은 왜 저렇게 가시넝쿨에 싸여 있습니까?"

"마법사가 저주를 걸었다고 하오. 저 안에 공주님이 잠들어 있다는 전설이 있지요."

기사는 칼을 휘둘러 덩굴을 모두 잘라 내고 성안으로 들어갔어요. 그러고는 잠들어 있는 공주에게 입을 맞추자 공주가 깨어났어요.

기사와 공주가 성 밖으로 나왔더니 무시무시했던 가시덤불이 어느새 예쁜 장미 넝쿨로 바뀌어 있었어요. 기사와 공주는 장미 넝쿨 앞에서 영원한 사랑을 약속했답니다.

'넝쿨'은 길게 뻗어 나가면서 다른 물건을 감기도 하고 땅바닥에 퍼지기도 하는 식물의 줄기를 말해요. '넝쿨', '덩굴' 모두 표준어이지만 '덩쿨'은 틀린 말이니 쓰지 않도록 주의하세요.

날개 vs 나래

- 날개 ⭕ 나래 ⭕
- (뜻) 새나 곤충의 몸 양쪽에 붙어서 날아다니는 데 쓰는 기관.
- (예문) 그는 외국으로 건너가 꿈의 날개/나래를 마음껏 펼쳤다.
- 비슷한 맞춤법: 냄새 ⭕ 내음 ⭕

김 선생님은 요즘 힘이 없어요. 날마다 똑같은 일만 반복하는 듯하고, 말 안 듣는 아이들 때문에 속상할 때가 많았지요. 그러던 어느 날, 김 선생님은 아이들과 장래 희망 이야기를 나누었어요.

　　"어릴 때 꿈을 품는 건 아주 중요해요. 라이트 형제는 새처럼 날개를 달고 하늘을 날고 싶다는 꿈을 꾸었고, 드디어 비행기를 발명했지요. 자, 여러분도 상상의 나래를 펴고……."

　　김 선생님은 아이들에게 장래 희망을 말해 보라고 했어요.

　　"저는 의사가 될 거예요. 아빠가 많이 아프신데, 꼭 낫게 해 드리고 싶어요."

　　"저는 경찰이 되어 나쁜 사람들을 혼내 주고 싶어요."

　　수업이 끝날 무렵, 용준이가 물었어요.

　　"선생님, 선생님은 장래 희망이 뭐였어요?"

　　김 선생님은 잠깐 창밖을 바라보며 생각의 날개를 펴고 어린 시절로 날아가 봤어요.

　　'내 꿈이 뭐였더라?'

　　김 선생님의 어린 시절 꿈은 학교 선생님이 되는 거였어요. 아주 좋은 선생님이 되어 아이들이 저마다 장점을 발휘할 수 있게 도와주고 싶었지요.

　　'난 꿈을 이룬 행복한 사람이네!'

　　선생님은 오랜만에 살며시 미소를 지었어요.

　　'날개'는 새나 곤충이 나는 데 쓰는 몸의 한 부분이에요. '비행기 날개'나 '선풍기 날개'처럼 쓰기도 하고요. '나래'는 날개와 같은 뜻인데, 주로 문학 작품에서 쓰는 표현이랍니다.

같은 색깔 다른 표현

빨강, 파랑, 노랑 등의 단어에는 빛깔이나 색이라는 의미가 담겨 있기 때문에 뒤에 '색' 자를 붙이지 않아요. '색' 자를 붙이려면 빨간색, 파란색, 노란색 등으로 써야 해요.

'색' 자가 붙지 않을 때	'색' 자가 붙을 때
빨강	빨간색
파랑	파란색
노랑	노란색
하양	하얀색
검정	검은색

예) 나는 빨강을 제일 좋아해.
　　사과는 빨간색이다.

퀴즈로 복습하기

⭐ 다음 단어 옆에 같은 뜻의 복수 표준어를 적어 보세요.

① 가엽다 ➡ _____

② 나침반 ➡ _____

③ 날개 ➡ _____

④ 넝쿨 ➡ _____

⑤ 간질이다 ➡ _____

⑥ 늑장 ➡ _____

⑦ 떨어뜨리다 ➡ _____

⑧ 만날 ➡ _____

⑨ 삐지다 ➡ _____

⑩ 자장면 ➡ _____

① 가엾다 ② 나침판 ③ 나래 ④ 덩굴 ⑤ 간지럽히다 ⑥ 늦장 ⑦ 떨어트리다 ⑧ 맨날 ⑨ 삐치다 ⑩ 짜장면

5장 어른들도 헷갈리는 외래어 표기법

파이팅 vs 화이팅

- 파이팅 ⭕ 화이팅 ❌
  - 뜻 운동 경기에서, 선수들끼리 잘 싸우자는 뜻으로 외치는 소리.
  - 예문 "우리 팀 파이팅!"
  - 비슷한 맞춤법: 프라이팬 ⭕ 후라이팬 ❌
    달걀프라이 ⭕ 달걀후라이 ❌

드디어 수련회 장기 자랑 시간이 됐어요. 영재는 이 순간만 기다렸어요. 노래를 잘하는 영재는 장기 자랑만 하면 스타가 되거든요.

'오늘은 노래를 더 멋지게 불러서 은지에게 잘 보여야지.'

차례가 되어 영재는 무대에 올라갔어요. 전교생의 시선이 쏠리자 조금 떨렸지만, 노래 실력을 은지에게 보여 줄 좋은 기회였지요.

"김영재 파이팅!"

그때 누가 영재 이름을 크게 외쳤어요.

'누구지?'

놀랍게도 영재 이름을 외친 사람은 바로 은지였어요! 영재는 하늘을 나는 듯한 기분이었어요.

그런데 영재는 그만 노래가 시작하는 박자를 놓쳐 버렸지 뭐예요. 잠깐 은지 생각을 하는 바람에 말이죠.

"김영재 뭐 해? 하하하!"

처음부터 박자가 꼬인 영재가 당황해서 음정이 고르지 못하고 가사를 틀리자 여기저기서 킥킥대는 소리가 들렸어요.

그렇지만 최악의 무대는 아니었어요. 영재가 무대에서 내려오자 은지가 어깨를 토닥여 주었거든요.

"영재야, 그래도 엄청 멋지더라. 다음에 또 기대할게. 파이팅!"

외국에서 들어온 말인 외래어를 한글로 표기할 때는 정해진 규칙을 따라야 해요. 각 외국어 발음에 대응하는 한글의 자음과 모음을 정해 둔 거지요. '파이팅(fighting)'처럼 알파벳 'f'로 시작하면 한글 자음은 'ㅍ'으로 표기해요. 예를 들자면 '후라이드치킨'이 아니라 '프라이드치킨', '환타지'가 아니라 '판타지'라고 써야 한답니다.

카페 vs 까페

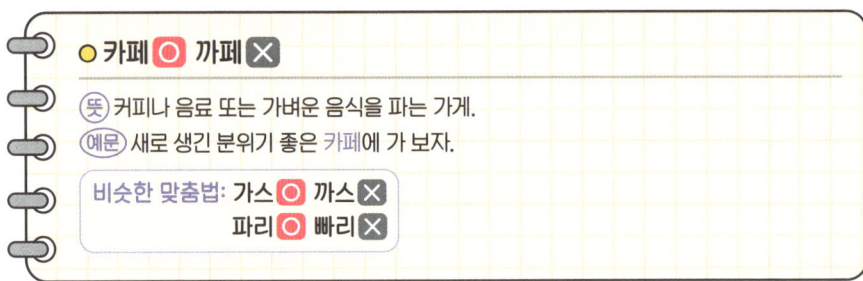

다양한 앵무새를 만나 볼 수 있는 앵무새 체험 카페가 집 근처에 생겼어요. 앵무새를 좋아하는 재준이에게는 아주 반가운 소식이었지요. 재준이는 엄마를 졸라 카페에 들렀어요.

카페 안에는 정말 많은 앵무새들이 있었어요. 책에서만 보던 빨강, 노랑, 파랑 깃털 앵무새들이 횃대에 앉아 있었죠.

"안녕."

"안녕."

재준이가 인사하자 빨강 앵무새가 똑같이 인사했어요. 잠시 후, 손바닥에 모이를 올려놓고 기다리자 새끼 앵무새가 날아와 모이를 콕콕 쪼았어요. 간질간질한 그 느낌이 좋아서 재준이가 헤헤 웃었어요. 옆에서 같이 모이를 주던 여자아이도 까르르 웃었어요.

재준이는 용기를 내서 먼저 인사를 건넸어요.

"난 이재준이야."

"난 최미나."

미나도 재준이랑 같은 아파트 단지에 산대요.

"엄마, 여기 또 와요. 카페에서 파는 주스도 맛있고, 앵무새가 참 귀여워요."

"앵무새가 아니라 미나가 귀여운 건 아니고?"

엄마 말에 재준이 얼굴이 빨강 앵무새 깃털처럼 붉어졌어요.

'카페'는 프랑스어로 커피나 음료 또는 가벼운 음식을 파는 가게를 말해요. 외래어를 표기할 때 'ㄲ, ㄸ, ㅃ, ㅆ, ㅉ' 같은 된소리는 원칙적으로 쓰지 않기 때문에 '까페'는 틀린 표기랍니다.

147

텔레비전 vs 테레비

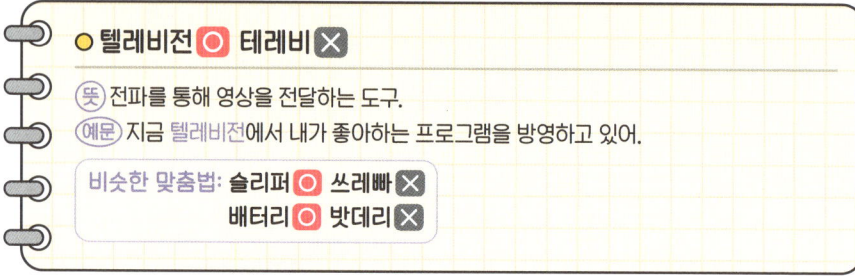

산이와 솔이는 할머니 집에 가는 날을 손꼽아 기다려요. 엄마는 텔레비전을 조금밖에 못 보게 하지만, 할머니 집에 가면 실컷 볼 수 있거든요.

"할머니, 저희 왔어요!"

"우리 강아지들 왔니?"

산이와 솔이는 할머니가 만들어 준 간식을 먹으며 할머니와 함께 텔레비전을 보는 시간이 정말 행복해요. 할머니가 좋아하는 가요 프로그램도 보고, 해외로 여행을 떠나는 프로그램을 보며 신기해하기도 하지요.

"이렇게 너희랑 있으니 심심하지도 않고 옛날 생각이 나는구나. 옛날에는 텔레비전이 아주 비싸서 부잣집에나 있었지. 동네 사람들이 그 집에 모여 텔레비전을 볼 정도였단다."

"헉, 정말요?"

산이와 솔이는 상상조차 할 수 없었지요. 산이와 솔이는 할머니 곁에 꼭 달라붙었어요.

"할머니, 보고 싶은 프로그램이 있으면 옛날처럼 저희가 와서 꼭 같이 볼게요!"

"그러면 우리 강아지들도 자주 보고 좋지."

세 사람은 즐거운 표정으로 텔레비전을 보았답니다.

'텔레비전'은 평소에 자주 쓰는 단어이지만 의외로 많이 틀리는 외래어랍니다. '텔레비젼', '텔레비', '테레비' 등으로 잘못 쓰지 않도록 신경 써야 해요.

메시지 vs 메세지

- 메시지 ⭕ 메세지 ❌

(뜻) 어떤 사실을 알리거나 주장하거나 경고하기 위해 보내는 글.
(예문) 학교에 가니 책상 위에 생일 축하 메시지가 놓여 있었다.

비슷한 맞춤법: 소시지 ⭕ 소세지 ❌
코미디 ⭕ 코메디 ❌

주말이에요. 민구가 늦잠을 자고 일어났더니 엄마가 이런 부탁을 했어요.

"민구야, 오늘이 이모 생일인데 문자로 축하 메시지 보내 줄래?"

민구는 눈을 반쯤 뜬 채 얼굴을 찌푸렸어요. 어른들한테 메시지를 보내려면 신경이 많이 쓰이거든요.

"그냥 축하 이모티콘만 보내면 안 될까요? 요즘 귀여운 이모티콘도 많은데……."

"이모티콘도 좋지만 민구가 직접 쓴 메시지를 받으면 이모가 더 좋아할 거야."

민구는 머리를 감싸 쥔 채 뭐라고 쓸지 고민했어요. 힘들긴 하지만 민구를 예뻐하고 용돈도 많이 주는 이모를 위해 이 정도는 할 수 있다고 생각했지요.

이모, 생일 축하해요. 언제나 저한테 용돈도 많이 주고 맛있는 것도 많이 사 주셔서 고마워요. 이모, 다음 제 생일 선물은 편의점 상품권으로 주면 좋겠어요. 이모, 사랑해요. 😊

민구가 다 쓴 메시지를 보여 주자 엄마가 피식 웃으며 말했어요.

"요 녀석! 숨은 메시지가 보이는데?"

휴대폰으로 문자 메시지를 보내 본 적이 있지요? '메시지'는 어떤 사실을 알리거나 자기 마음을 전하려고 보내는 글을 말해요. '메세지', '메시쥐', '메쎄지' 등으로 잘못 쓰지 않도록 해요.

액세서리 vs 악세사리

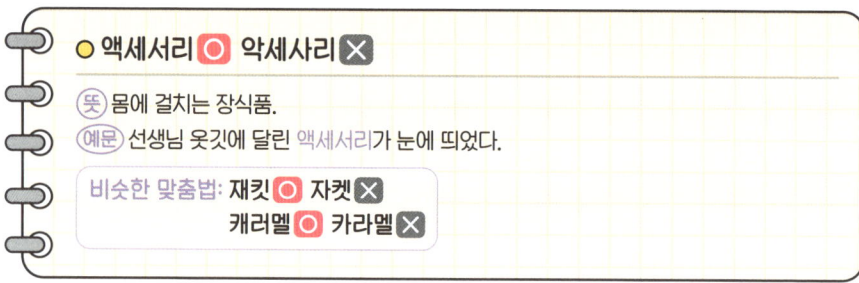

지후는 요즘 비즈 공예에 취미를 붙였어요. 어린이 강좌에 참여해 보고는 비즈로 액세서리 만들기에 푹 빠졌지요.

"지후야, 오늘은 뭐 만들어?"

"가방 고리 만들 거야."

엄마는 지후가 만든 액세서리를 보고 감탄했어요.

"우리 딸이라서가 아니라 진짜 잘 만든다! 구슬 조합이 어쩜 이렇게 세련됐니?"

지후는 뿌듯했어요. 지후가 보기에도 세상에서 제일 멋진 가방 고리 같았어요. 특히 중간에 박은 캐릭터 구슬은 아주 비싼 거예요.

엄마는 가방 고리가 하도 예뻐 지후에게 넌지시 물었어요.

"지후야, 이거 누구 줄 거니?"

"비밀이야!"

지후가 웃으며 말해 주지 않자 엄마는 속으로 생각했어요.

'내일이 내 생일이니까 나한테 선물하겠지? 모임에 가면 우리 딸이 이렇게 예쁜 액세서리 만들어 줬다고 자랑해야지.'

그러나 이튿날, 엄마는 김이 새고 말았어요. 지후랑 같은 반 친구인 영준이 가방에 그 가방 고리가 달려 있지 뭐예요.

'어휴, 그럼 그렇지.'

엄마는 서운했지만 한편으로는 대견했어요. 좋아하는 남자 친구가 생길 만큼 지후가 어느새 많이 자랐으니까요.

'액세서리'는 반지, 목걸이, 귀고리처럼 몸을 꾸미는 데 쓰는 장신구를 말해요. '악세사리', '액세사리', '악세서리' 등으로 잘못 쓰지 않도록 주의하세요.

슈퍼 vs 수퍼

- 슈퍼 ⭕ 수퍼 ❌
- 뜻) 식료품이나 일용품 등을 두루 갖추어 놓은 가게.
- 예문) 엄마는 생필품을 살 때는 재래시장보다 슈퍼를 더 많이 이용한다.

헷갈리는 맞춤법: 주스 ⭕ 쥬스 ❌
                     소파 ⭕ 쇼파 ❌

모모 마을 사거리에는 '더 주는 슈퍼'가 있어요. 주인아저씨가 인심이 후하기로 소문이 자자해서 모르는 사람이 없지요.

"아저씨, 안녕하세요!"

"그래, 재욱이 학교 가는구나."

재욱이도 '더 주는 슈퍼' 단골이에요. 참새가 방앗간을 지나치지 못하듯 학교 가는 길에 한 번, 돌아오는 길에 한 번씩 꼭 들러요.

그런데 오늘은 재욱이가 시무룩한 얼굴로 슈퍼 앞을 그냥 지나치자 주인아저씨가 재욱이를 불러 세웠어요.

"재욱아, 학교에서 무슨 일 있었니?"

"사실은요……."

학교에서 회장 선거를 했는데, 후보로 나갔던 재욱이가 떨어졌어요. 상대 후보가 반 친구들에게 간식을 돌려서, 친구들이 모두 그 후보를 뽑았대요.

주인아저씨는 재욱이에게 맛있는 초콜릿 한 봉지를 건넸어요.

"자, 아저씨가 단골 손님에게 주는 선물이야. 학교 가서 친구들이랑 나눠 먹으렴."

"정말요? 여기 슈퍼는 진짜 더 주는 슈퍼가 맞네요, 히히."

재욱이는 뜻밖의 선물을 받고 신이 나서 집으로 뛰어갔어요.

'슈퍼'는 식료품이나 일용품 등 여러 가지 물건을 파는 비교적 큰 가게를 말해요. 영어 '슈퍼마켓'을 줄인 말이지요. '수퍼'라고 하지 않도록 주의하세요.

155

뷔페 vs 부페

- 뷔페 ⭕ 부페 ❌
- (뜻) 여러 가지 음식을 큰 식탁에 차려 놓고 손님이 스스로 선택하여 덜어 먹게 한 식당.
- (예문) 뷔페에는 음식뿐 아니라 아이스크림 같은 디저트도 있어.

상욱이는 일주일 전부터 오늘을 기다렸어요. 상욱이의 아홉 살 생일을 맞아 엄마 아빠와 함께 뷔페식당에 가기로 했거든요. 상욱이는 오늘 처음으로 뷔페에 가는 거예요.

"와, 맛있는 음식이 정말 많다!"

뷔페에 들어서자 상욱이는 눈이 휘둥그레졌어요.

"먹고 싶은 음식을 접시에 담아 오면 돼. 네가 먹을 수 있을 만큼만 담아야 한다."

엄마가 상욱이에게 말했어요.

그러나 상욱이는 눈앞에 펼쳐진 맛있는 음식을 보며 엄마의 말은 까맣게 잊어버렸어요. 이것도 먹고 싶고, 저것도 먹고 싶었지요. 그래서 먹고 싶은 음식을 접시에 산처럼 수북이 담아 왔어요.

"상욱아, 이거 다 먹을 수 있겠니?"

"그럼요!"

상욱이는 자신만만하게 대답했어요. 하지만 먹다 보니 배가 슬슬 불러 왔어요. 결국 상욱이는 음식을 다 먹지 못했죠.

"거봐라, 상욱아. 아무리 뷔페라도 무작정 담아 왔다가 다 먹지 못하면 아까운 음식이 모두 쓰레기가 된단다. 다음부터는 먹을 수 있을 만큼만 담아야겠지?"

상욱이는 아빠의 말에 고개를 끄덕였어요.

'뷔페'는 프랑스에서 들어온 외래어로, 여러 가지 음식을 큰 식탁에 차려 놓고 손님이 스스로 선택하여 마음껏 덜어 먹게 한 식당을 말해요. '부페'라고 잘못 사용하는 경우가 많으니, 정확하게 적도록 해요.

로봇 vs 로보트

- 로봇 ⭕ 로보트 ❌

뜻 어떤 작업이나 조작을 자동적으로 하는 기계 장치.
예문 요즘 공장에서 위험한 일은 사람 대신 로봇이 한대.

비슷한 맞춤법: 로켓 ⭕ 로케트 ❌
　　　　　　도넛 ⭕ 도너츠 ❌

강아지 두기는 화가 잔뜩 났어요. 두기만 쏙 빼고 온 가족이 외출했거든요.

두기는 자신이 얼마나 화가 나고 외로운지 알려 주려고 집 안 곳곳에 오줌을 쌌어요. 특히 가족들이 자주 앉는 소파 다리 앞에 아주 많이 쌌답니다.

그러나 두기의 계획은 물거품이 됐어요. 똑똑한 로봇 청소기 블링블링이 조용히 다가와 두기가 오줌 싼 곳을 말끔히 청소했거든요. 마침내 두기는 폭발하고 말았어요.

"컹컹! 제발 청소 좀 그만해, 이 눈치 없는 녀석!"

"위잉! 난 지저분한 걸 청소하는 로봇인걸."

블링블링도 지지 않고 대꾸했어요. 두기가 오줌을 싸면 블링블링이 따라와 청소하는 일이 온종일 되풀이됐지요.

그런데 두기는 문득 블링블링이 둘도 없는 친구라는 생각이 들었어요. 집에 아무도 없을 때 몇 시간을 두기와 놀아 준 셈이니까요.

"컹! 생각해 보니 네가 있어서 오늘 심심하지 않았어."

그러자 블링블링도 웃으며 대답했어요.

"윙! 나도 네 덕분에 오늘 전혀 심심하지 않았어."

두기는 이제 가족들이 외출하는 날이 기다려져요. 그러면 로봇 청소기 블링블링이랑 마음껏 뛰어놀 수 있으니까요.

'로봇 청소기', '배달 로봇'처럼 '로봇'은 사람이 하는 일을 대신해 주는 기계를 두루 일컫는 말이에요. '로보트'나 '로봇트'는 잘못된 표기랍니다.

스티로폼 vs 스치로폼

- 스티로폼 ⭕ 스치로폼 ❌

(뜻) 가볍고 열을 차단하는 성질을 지닌 플라스틱의 일종. 단열재, 포장 재료, 장식재 따위로 널리 쓰인다.

(예문) 가전제품이 부서지지 않게 **스티로폼**으로 포장되어 있다.

비슷한 맞춤법: 센티미터 ⭕ 센치미터 ❌

상아네 동네에는 길고양이가 많이 살아요. 학교 갈 때면 늘 나타나는 검은 고양이 탄이는 이제 아침마다 상아와 인사하는 사이가 됐지요.

"탄이야, 학교 다녀올게."

비가 내리던 어느 날, 상아가 학교에서 돌아오다 보니 탄이가 비를 맞고 있었어요.

"탄이야, 집에 들어가. 비가 오잖아."

그러나 누가 만들어 놓은 길고양이 집은 비에 젖고 있었어요. 두꺼운 종이 상자로 만들어진 집이었거든요. 상아는 애가 타서 주위를 두리번거렸어요. 마침 버려진 스티로폼 상자가 보였어요. 상아는 스티로폼 상자를 칼로 요리조리 잘라서 고양이 집 지붕을 만들고, 바닥에도 깔아 주었어요.

"어때, 내가 만든 스티로폼 고양이 주택 마음에 들어?"

탄이가 상아의 말을 알아들은 것처럼 수염을 씰룩였어요.

"나중에 더 튼튼한 집을 만들어 줄게. 약속해!"

"야옹!"

탄이는 꼬리를 기분 좋게 세우고 집으로 들어갔어요. 상아도 기분이 좋아 폴짝폴짝 뛰며 집으로 갔어요.

'스티로폼'은 흔히 단열재나 포장 재료로 쓰는 희고 가벼운 제품을 말해요. '스치로폼', '스치로폴', '스티로폴' 등으로 혼동하는 경우가 많으니 잘못 쓰지 않도록 주의하세요.

초콜릿 vs 초코렛

- **초콜릿 O 초코렛 X**
  - (뜻) 카카오나무 열매의 씨를 볶아 만든 가루에 우유, 설탕, 향료 등을 섞어 만든 음식.
  - (예문) 기분이 좋지 않을 때는 달콤한 초콜릿을 먹어 봐.

내일은 밸런타인데이예요. 좋아하는 사람에게 초콜릿을 선물하며 마음을 고백하는 날이죠. 엄마와 서연이는 아빠에게 멋진 선물을 만들어 주기로 했어요.

"서연이는 어떤 걸 만들고 싶어?"

"난 초콜릿 편지를 만들래요."

"와, 좋은 생각이네!"

서연이는 먼저 작은 갈색 초콜릿을 녹여 넓적한 판을 만들고, 흰색 초콜릿 펜으로 편지를 썼어요.

서연이는 아빠가 세상에서 제일 좋아요.

그런데 이렇게 쓰고 보니 엄마가 서운해할 것 같아서 편지를 와작와작 먹어 버렸어요.

"글씨를 잘못 써서 다시 쓰려고요."

아빠, 내가 만든 초코렛이에요. 맛있게 드세요.

이번에는 엄마가 눈을 찡긋하며 말했어요.

"맞춤법이 틀렸는데 어떡하지? 초코렛이 아니라 초콜릿이거든."

서연이는 또 와작와작 편지를 먹고 한숨을 내쉬었어요.

'이제 정말 틀리면 안 돼.'

'초콜릿'은 코코아에 우유, 설탕, 향료 등을 섞어 만든 것을 말해요. '초콜릿 케이크', '초콜릿 아이스크림' 등 다양한 간식에 들어가지요. '초컬릿', '초코렛', '쪼코렛' 등으로 잘못 쓸 수 있으니 올바른 표기를 꼭 알아 두세요.

헷갈리는 외래어 더 알아보기

외래어를 한글로 적을 때도 정해진 표기법이 있다는 사실을 잊지 마세요. 혼동될 때마다 사전을 찾아보면 틀리지 않겠죠?

O	X
데뷔	데뷰
리더십	리더쉽
링거	링겔
튤립	튜립
케이크	케잌
사인	싸인
센터	센타
수프	스프
케첩	케찹
킬로그램	키로그램

퀴즈로 복습하기

⭐ 다음 문장을 읽고 맞는 단어에 동그라미 하세요.

① 미래에는 공장 일을 [로봇] [로보트] 한테 다 맡긴대.

② 네 문자 [메세지] [메시지] 를 뒤늦게 봤어.

③ 난 여러 음식을 먹을 수 있는 [부페] [뷔페] 가 좋아.

④ [스티로폼] [스치로폼] 쓰레기가 너무 많이 나와 걱정이야.

⑤ 이 [수퍼] [슈퍼] 에는 해외에서 수입한 과자가 많아.

⑥ 한창 [악세사리] [액세서리] 에 관심이 많을 때지.

⑦ 난 사탕보다 [초코렛] [초콜릿] 이 더 좋아.

⑧ 엄마랑 [까페] [카페] 에서 아빠를 기다렸어.

⑨ [텔레비전] [테레비] 에 내가 나왔으면 정말 좋겠네.

⑩ 우리 선수들이 끝까지 [파이팅] [화이팅] 하기를 바라.

① 로봇 ② 메시지 ③ 뷔페 ④ 스티로폼 ⑤ 슈퍼 ⑥ 액세서리 ⑦ 초콜릿 ⑧ 카페 ⑨ 텔레비전 ⑩ 파이팅

찾아보기

- 바른 표기(← 틀린 표기)
- '='은 둘 다 쓸 수 있는 말이에요.
- 'vs'는 앞뒤의 두 단어를 구분해서 써야 해요.

 ㄱ

가르치다 vs 가리키다 52
가스 (← 까스) 146
가엽다 (= 가엾다) 120
간질이다 (= 간지럽히다) 122
거꾸로 (← 꺼꾸로) 44
겁쟁이 (← 겁장이) 8
곧장 (← 곳장) 32
곯아떨어지다
　(← 골아떨어지다) 94
곰곰이 (← 곰곰히) 28
괜찮다 (← 괜찬다) 96
굳이 (← 구지) 20
귀찮다 (← 귀찬다) 96
금세 (← 금새) 10
까닭 (← 까닥) 92
까탈스럽다 (= 까다롭다) 122
깎다 (← 깍다) 104
깨끗이 (← 깨끗히) 28
꺾다 (← 꺽다) 104
끓어오르다 (← 끌어오르다) 100

 ㄴ

나침반(= 나침판) 134

날개(= 나래) 138
낫다 vs 낳다 56
냄새 (= 내음) 138
너머 vs 넘어 80
넋두리 (← 넉두리) 98
널찍하다 (← 넓직하다) 108
넓적하다 (← 넙적하다) 108
넝쿨 (= 덩굴) 136
네 (= 예) 130
눈곱 vs 눈꼽 14
늑장 vs 늦장 132

 ㄷ, **ㄹ**

닫다 vs 닿다 78
달걀프라이 (← 달걀후라이) 144
-던지 vs -든지 60
도넛 (← 도너츠) 158
돼 (← 되) 38
떡볶이 (← 떡볶기) 18
떨어뜨리다 (=떨어트리다) 124
로봇 (← 로보트) 158
-로서 vs -로써 58
로켓 (← 로케트) 158

 ㅁ

만날 (= 맨날) 126
맞추다 vs 맞히다 82
매다 vs 메다 68
멋쟁이 (← 멋장이) 8
메시지 (← 메세지) 150
며칠 (← 몇일) 36
모둠회 (← 모듬회) 16
몫 (← 목) 98
무르팍 (← 무릎팍) 36

 ㅂ

바라다 vs 바래다 66
반드시 vs 반듯이 64
방귀 (← 방구) 12
배터리 (← 밧데리) 148
베개 (← 배게) 40
봬요 (← 뵈요) 38
부침개 (← 부침게) 40
뷔페 (← 부페) 156
빈털터리 (← 빈털털이) 36
빌다 vs 빌리다 72
빠뜨리다 (= 빠트리다) 124
삐치다 (= 삐지다) 128

살코기 (← 살고기) 30
서럽다 (= 섧다) 120
설거지 (← 설겆이) 26
센티미터 (← 센치미터) 160
소고기 (= 쇠고기) 118
소시지 (← 소세지) 150
소파 (← 쇼파) 154
속앓이 (← 속알이) 100
숟가락 (← 숫가락) 32
슈퍼 (← 수퍼) 154
스티로폼 (← 스치로폼) 160
슬리퍼 (← 쓰레빠) 148
시월 (← 십월) 42
싫증 (← 실증) 100
심술궂다 (← 심술굿다) 112
썩다 (← 썪다) 106

안 vs 않 62
안팎 (← 안밖) 30
암탉 (← 암닭) 30
액세서리 (← 악세서리) 152
얄궂다 (← 얄굿다) 112
어떡해 (← 어떻해) 110
어떻게 (← 어떡게) 110
업다 vs 엎다 84
열심히 (← 열심이) 28
옳다 (← 옴다) 102
왠지 (← 웬지) 22
요새 (← 요세) 10
웬일 (← 왠일) 22
유월 (← 육월) 42
육개장 (← 육계장) 16
이따가 vs 있다가 70
잃어버리다 vs 잊어버리다 54

자장면 (= 짜장면) 118
작다 vs 적다 74
재킷 (← 자켓) 152
주스 (← 쥬스) 154
지우개 (← 지우게) 40
집다 vs 짚다 86
짓궂다 (← 짖궂다) 112
찌개 (← 찌게) 16
채 vs 체 76
초콜릿 (← 초코렛) 162

카페 (← 까페) 146
캐러멜 (← 카라멜) 152
코미디 (← 코메디) 150
텔레비전 (← 테레비) 148
통째 (← 통채) 34
트림 (← 트름) 12

파리 (← 빠리) 146
파이팅 (← 화이팅) 144
편찮다 (← 편찬다) 96
폭발 (← 폭팔) 24
폭파 (← 폭팔) 24
품삯 (← 품삭) 98
프라이팬 (← 후라이팬) 144
해돋이 (← 해도지) 20
헷갈리다 (= 헛갈리다) 126
흙 (← 흑) 92
희한하다 (← 희안하다) 46

참고 문헌

『맞춤법이 궁금해?』, 재미국어, 좋은꿈, 2017
『바른 우리말 사용설명서』, KBS 아나운서실 한국어연구회, 주니어김영사, 2012
『요즘 어른을 위한 최소한의 맞춤법』, 이주윤, 빅피시, 2023
『우리말 맞춤법 수업』, 배상복, 사람in, 2023
『책 쓰자면 맞춤법』, 박태하, xbooks, 2015

참고 자료

국립국어원, 『표준국어대사전』
국립국어원, 「한글 맞춤법」
국립국어원, 「표준어 규정」
국립국어원, 「외래어 표기법」

읽다 보면 문해력이 저절로
그래서 이런 맞춤법이 생겼대요

초판 1쇄 발행 2024년 10월 1일
초판 3쇄 발행 2025년 8월 22일

글쓴이 우리누리 | 그린이 이진아

발행인 이종원 | 발행처 ㈜길벗스쿨 | 출판사 등록일 2025년 5월 28일
주소 서울시 마포구 월드컵로 10길 56(서교동) | 대표전화 02)332-0931 | 팩스 02)322-3895
홈페이지 school.gilbut.co.kr | 이메일 gilbut@gilbut.co.kr

기획 및 책임편집 김언수, 배지하 | 제작 이준호, 손일순, 이진혁 | 마케팅 양정길, 지하영, 김령희
영업유통 진창섭 | 영업관리 정경화 | 독자지원 윤정아
CTP출력 및 인쇄 교보피앤비 | 제본 신정문화사
디자인 양×호랭 DESIGN | 교정교열 김미경

잘못 만든 책은 구입한 서점에서 바꿔 드립니다.
이 책은 저작권법에 따라 보호받는 저작물이므로 무단전재와 무단복제를 금합니다.
이 책의 전부 또는 일부를 이용하려면 반드시 사전에 저작권자와 ㈜길벗스쿨의 서면 동의를 받아야 합니다.
인공 지능(AI) 기술 또는 시스템을 훈련하기 위해 이 책의 전체 내용은 물론 일부 문장도 사용하는 것을 금합니다.

© 우리누리, 이진아

ISBN 979-11-6406-790-9(73710) (길벗스쿨 도서번호 200421)

	제품명: 그래서 이런 맞춤법이 생겼대요	주소: 서울시 마포구 월드컵로 10길 56(서교동)
	제조사명: ㈜길벗스쿨	전화번호: 02-332-0931
	제조국명: 대한민국	제조년월: 판권에 별도 표기
	사용연령: 8세 이상	KC마크는 이 제품이 공통안전기준에 적합하였음을 의미합니다.